承擔

林佳龍的危機領導學

吳佳晉、馬機、李珮宇——著

推薦序　以人為本、勇於承擔

李明亮

我跟佳龍的第一次合作在十九年前。二〇〇三年，我已經卸下衛生署長的職務回到美國，沒有想到SARS疫情爆發，阿扁總統請我回台灣擔任防疫總指揮官，我答應了。老實講那時候的任務是非常重的，我們指揮中心動員非常多人，三、四十個人擠在同一間房間裡面工作，滿地都是電腦的線。

行政院很支持我們的工作，那時佳龍是行政院發言人，我在整個防疫的過程中都跟他密切合作。我們一起建立了一個資訊透明的機制去跟人民溝通，我每天早、中、晚三次播報的時間都出現在電視上，爲的是直接跟民眾溝通、宣導防疫的觀念，也安撫民眾對疫情還有死亡的恐懼。這樣的直接溝通可以讓人民知道自己有遵循的規則，不會自亂陣腳。剛剛開始的時候不順利，可是後來民眾都理解也都肯配合，所以我們很幸運地只用了世界其他地方大概一半到三分之二的時間就從SARS疫區除名、解除旅遊警戒（其他地區的旅遊警戒期間，這邊有幾個簡單的數字：加拿大是六十天；北京是七十五天；廣東是九十天；香港是九十八天；新加坡是七十六天）。佳龍說我在SARS期間製播「防疫最前線」可以穩定軍心、非常專業，其實這只是爲了正確地傳遞訊息，眞正度過危機的原因，還是因爲大家配合、共同努力。我之前也常常講，我們當時成功的關鍵就是在資訊、匡列、隔離（information / investigation / isolation）這三個「I」的步驟，這一次的COVID-19也是一樣。

佳龍在這兩次疫情，都是站在前線去面對危機的人。SARS時候他擔任行政院發言人，在我們整個防疫機制建立的過程中不但參與了，而且也學習了。後來COVID-19的時候他是交通部長，因爲有前面歷練，他很快就知道怎樣去應對，去安排航班、考慮相關產業的因應措施。在疫情期間，他也常常打電話給我，諮詢我的意見。我很欣賞佳龍的地方，就是他遇到危機的時候勇於承擔責任，而且懂得吸取經驗，又不會被過往的框架限制住，可以有創新的構想，也有辦法解決問題。我很肯定他的治理能力。

除了公務之外，我們兩家人的關係也是非常親密的。我常常送書給佳龍。知道我喜歡古典音樂，佳龍跟婉如也會陪我和內人去聽音樂會、逛奇美博物館。我跟佳龍可以說是無話不談，從公共政策到藝術人文，各種議題都會討論，也時常有很深刻的心靈交流。他常說我對社會有很深的關懷令他佩服，我倒覺得我們是一樣的——他對人的內涵的追求，還有書中提到的「社會共好」的願景，都是來自「以人爲本」的價值觀，這也是我跟他最大的共同點。

佳龍經過了耶魯的完整訓練，具有前瞻的國際視野、歷史觀和人文素養，又有勇於承擔的領袖性格。在這些之外，他還有一個很大的長處，就是很會抓重點，也有執行力——看出問題以後，他會整理、會規畫，訂出可行的計畫，一步一步執行，藍圖一樣一樣地畫、工作一樣一樣地做，他在當台中市長的時候，就把台中規劃得改頭換面。這是當一個首長非常基本而重要的能力。我對佳龍的期許很高，希望讀者也可以透過這本書更認識佳龍。

＊作者為總統府資政、前衛生署長／抗SARS指揮官。

推薦序　危機處理根基於政策研究能力

林逸民

在台灣，從事政治工作者出書，並不稀奇，但是，絕大多數政治人物寫書，都是寫如何締造豐功偉業，很少是寫如何一次又一次的遇上危機，可能的話，多半是避談政治生涯中所遇上的危機。

台灣其實是最需要危機管理的國家，先且不論在地緣戰略上持續受到強大專制國家的威脅，就是地球科學上，位於地震頻仍的「環太平洋火環帶」，又處於颱風頻繁經過的通道，加上極端氣候使得水旱災加劇，以及過去許多不論政府或民間工程管理上的積弊，原本就是時時要面對天災人禍危機。

對台灣人而言，了解危機管理，實在是最重要的一件事，個人身為醫師，對危機管理也略有所知，大體上分爲三大階段：「危機前」、「危機反應」、「危機後」，也就是說，危機管理不是等到危機發生了才開始進行，其實是危機發生前，就要做好相對應的準備，危機後更要繼續精進，才能在下次危機發生時表現得更好。

在「危機前」，就需先積極找出風險，擬定相對應的計畫，將風險降至最低，並建立監測與警示系統，預想好危機反應計畫，並指定危機管理的領導人。如此在危機發生時才能快速進行「危機反應」，召集危機管理團隊，危機領導者才能有備無患，與團隊和大眾進行危機溝通。而在「危機後」，危機管理領導人仍要繼續與危機管理團隊溝通檢討，積極檢討改善危機管理計畫，評估危機管理計畫的效果，若必要的話則進行更新。

這些基本的危機管理，在台灣卻經常付之闕如，許多政治人物對危機管理的解讀只是在發生危機時如何施壓媒體撤下新聞。

其實，台灣大多數政治人物，不僅危機管理，大體上對於執政的基本研究，常常較爲疏忽。在歐美，主要政治人物都有自身的智庫、智囊團，或是合作智庫，爲其做國情、國策的基本研究，擬定國政方向與政策主張；但是，在台灣，擁有自身智庫的政治人物寥寥可數，即使政黨或派系有經營智庫，其中大部分掛羊頭賣狗肉，名爲智庫，卻實際上並未有眞正的政策研究能力。

林佳龍長期籌措經費經營台灣智庫，培養許多學者專家，有政策研究能力，是少數願意投資基本政策研究的政治工作者，如今更大方分享從政經驗中，遇上危機時的危機管理過程，可說難能可貴。林佳龍的經驗分享，必能讓讀者有所收穫，在歷次危機處理的過程中，學習到危機管理的方式與重要性。

＊作者為福和會理事長、醫學博士

推薦序　承擔的勇氣與改變的能力

曹興誠

就佛法的觀點來說，一切都是因緣和合所生，也就是所謂的「緣起性空」。緣聚而生、緣散即滅。因此緣分到了，我們就該盡力的做；緣分變了，我們就該轉而做其他的事情。即使面對不確定的未來，我們也不應煩惱，在想方設法盡力而爲的當下，也必須抱持豁達不糾結的態度，達觀地笑看緣分所促成的一切。事實上，任何危機之所以會出現，自然有其因緣條件。只是，當危機出現時，能看到問題、能提出警示的人或許不少，但能提出實際可行方案來解決問題的人卻是不多。

佛法的智慧教導我們「眞空妙有」，提醒我們必須避免落入「我執」與「法執」的主觀想法，才有機會尋找到能以智慧解決問題的方法。這說來容易，但做來卻一點都不簡單。因爲面對危機時如何回應，一方面反映出一個人的品格心性，另一方面亦取決於他的能力與才性。許多領導者因落入我執與法執，無法審時度勢地調整策略，以至於難以回應改變中的現狀；而更多的領導者則是因爲戀棧權位，捨不得或放不下，因此無法在民眾心目中留下優美的身影。

閱讀完這本《承擔：林佳龍的危機領導學》後，我可以深刻地感受到佳龍兄是在許多因緣推動下，承擔起各種重要的領導角色與政治使命。或許是因爲有著豐富的政治學術訓練與國安幕僚經驗，相較當前其他政治人物，佳龍兄看時局變化看得更遠，也更早開始因應未來可能出現的變局。在許多人還在爭吵當前議題的同時，他已開始著手準備未來台灣關鍵十年可能面對的議題，並提出挑戰二〇三二的台灣國家願景計畫。而在面對像是計程車與Uber利益衝突，或是航空業罷工以至於產生體制性危機時，他透過冷靜地分析，在矛盾與衝突的對立現狀中，找出創造共贏的創新解法。更重要的是，在發生太魯閣號不幸事件後，他選擇先積極處理善後事項，隨後承擔起所有政治責任，不眷戀地下台，留下了美好的政務官身影。即使卸下公職身分，他仍透過光合之行，努力地連結台灣各個角落不同的社會力量。而在其所屬的民進黨需要他的時候，他選擇放棄自己的優先選項，承擔起責任，投入一場外界認爲是不可能任務的艱困選戰。

其實不僅上述在這本書中所提到的內容，我也注意到近來隨著美中競爭加劇、俄烏戰爭持久化，再加上中國對台武力威脅日益增加，佳龍兄開始大力倡議「台灣必須成爲眞正的正常國家、台灣必須推動二次民主改革，才能應對來自中國不間斷的威嚇」的主張。他認爲，台灣除需具備足夠國防力量，亦需面對與解決內部認同問題，並致力於提升整體綜合國力，以全力阻止中國入侵的任何可能性。事實上，佳龍兄所推動中的「台灣國家正常化運動」，與我目前正努力推動中的全民防衛目標不謀而合。目前世界文明趨勢是走向獨立的，而與此同時，共產專制則是反時代潮流的產物。我們都是希望能透過某種社會運動的形式，讓台灣更加安全，同時也都希望能讓台灣的民主制度得以永續，讓台灣的人民永遠能做自己國家的主人。

透過對佳龍兄這些生命歷程的檢視，我認爲他跟我有同樣的性格，都是不懼怕面對危機帶來挑戰的人，也都是勇於提出方法來眞正解決問題的人。也因此，我願意在此向台灣各界推薦這本好書，希望能有更多人看到佳龍兄承擔責任的勇氣與改變現狀的能力，也期許未來他能承擔起更重要的角色，同時衷心期盼能藉由他改變與創新的能力，推動台灣民主的持續深化與不斷革新，讓台灣成爲一個更安全、更民主的國家！

＊作者為聯華電子創辦人。

目次

PART I

3 推薦序 以人為本、勇於承擔／李明亮
6 推薦序 危機處理根基於政策研究能力／林逸民
8 推薦序 承擔的勇氣與改變的能力／曹興誠
15 越是危機，越見領導力——吳佳晉採訪側寫
16 後疫情時代的全新挑戰
17 真正的領導者是為人民、為國家「走出一條路」的人
19 「台灣，是世界上最危險的地方。」
俄烏戰爭，觸動台灣人的危機意識
21 現在是何時？台灣的「關鍵十年」，就在2022—2032年
23 「數位經濟」與「印太戰略」相輔相成
國家安全與經濟發展不再是零和遊戲

26 從「政治阿信」到「政治阿甘」的政治雕塑家
願意以一輩子的時間，打造理想中的國家
27 社會給我養分，我才能成為今天的林佳龍
當我離開人世，我也盼能成為社會的養分

PART II

31 **拆彈專家實例分享——馬機**
34 小黃計程車vs. Uber
多方利益角力戰 如何用創新讓「大家一起贏」？
55 華航罷工vs.長榮罷工
罷工中的談判與解圍關鍵
92 觀光產業因應疫情嚴峻挑戰
善應變與遠策略
112 引領5G產業新未來
突破政策三不管地帶

PART III

121 我們尋找光點，彼此聚合 終將照亮黑暗，向光而行——李珮宇

123 回歸原鄉，才能再出發

142 知識，是我們前行的力量

154 讓夢想帶著台灣，走向世界

164 讓自己成為光，也邀請身旁的人成為光

母親的話

165 他鄉是故鄉——林佳龍母親口述，文以崴整理

特別企劃

173 **找出一條翻轉新北的路——政治的承擔與改變的承諾**
——林佳龍競選新北市長團隊 彙編

174 投入一個眾人都認為「不可能的任務」
180 來自各方的推薦與期待
198 新北大翻新的志氣（附：參選宣言）
204 交通政策——綠色交通旗艦計畫
208 產業政策——海空雙港新軸線，六星產業發展計畫
213 競選政見
218 競選活動大事紀
252 競選歌曲
257 代結語 民主是一場沒有終點的接力賽，必須一棒接著一棒傳承下去

PART I

越是危機，越見領導力

——吳佳晉採訪側寫

後疫情時代的全新挑戰

二〇一九年十一月，中國武漢爆發新冠肺炎病毒（COVID-19），這一刻，世界就此改變。

疫情爆發兩年半以來，全球累計感染病例數超過五億，死亡人數超過六百萬人，一場世紀疫情改變了所有人事物。所幸長夜將盡，再黑暗的日子，終有撥雲見日的一天。隨著各國逐漸邁向「與疫共存」，邊境陸續解封，國際社會開始重回軌道，各國已摩拳擦掌，準備迎接後疫情時代的全新挑戰。

很多人問，疫情後的台灣，我們面臨哪些急迫的危機？又有哪些艱鉅挑戰？

首先，就社會民生而言，台灣已「生不如死」——出生率正式低於死亡率，少子化和高齡化問題嚴重；而全球通膨導致物價上漲，房價長期居高不下，國人卻普遍低薪，勞保恐將破產，貧富差距拉大。產業經濟上，受到美中貿易戰影響，全球分為兩大陣營，台灣雖因掌握了全球晶片的製造命脈「台積電」而尚能於夾縫中求生；但在數位科技、產業轉型等面向的腳步太慢，教育面亦缺乏長期養成，造成跨領域整合和國際化的人才斷層。此外，能源更是一大棘手課題。「缺電」已成國安危機，不少工商界大老紛紛跳出來向政府喊話，要求重啓核電，然而在生態永續及非核家園的願景下，如何兩全，目前也只有以拖待變。

林林總總，再加上內部意識形態長期藍綠對立，台灣面對的挑戰何其多，遑論最具威脅性的中國議題！對某些台灣人來說，兩岸關係就像「房間裡的大象」，明明非常巨大、不可忽視，卻仍有不少人因爲立場而選擇刻意迴避。然而近年共軍擾台日益猖狂，根據國防部統計，二〇二〇年中國軍機進入台灣西南防空識別區（ＡＤＩＺ）高達三八〇架次，二〇二一年暴增至近九五〇架次，中共更於二〇二一年年底放話恫嚇，稱其實際出動的飛機架次「只會多、不會少」。今年（二〇二二年）一月，共軍更創下單日二十九架次解放軍機擾台的最高記錄。我們眞的可以繼續視而不見，假裝一切都很太平嗎？內憂外患下，放眼檯面上的政治人物，在「後小英時代」，有誰已經準備好面對這一切，可以爲我們分析局勢，點出下一步的方向？

真正的領導者是為人民、為國家「走出一條路」的人

凡是領袖，都有一個共同特質，「就是面對危機時刻，能夠在複雜、艱困的環境下，帶領人民走出一條路。他們很清楚自己在做的事，但並不是只爲了成功才去做。」林佳龍受訪時這麼說。

野百合學運出身，歷任大學教授、立法委員、民進黨祕書長、新聞局局長、行政院發言人及國安會諮詢委員、台中市市長、交通部長、無任所大使等多項職務，攤開民進黨黨員名單，像林

佳龍這樣從政務官到民選首長，學術及從政資歷皆完整的人，寥寥無幾。

然而這一路並非一帆風順。關注政界的朋友都知道，無論在中央還是地方，林佳龍多次遇到棘手難題，只是往往能化險爲夷，臨危不亂，在危局中衝出一條生路，也因而受封爲「拆彈專家」。就以交通部長任內來說，他便歷經二〇一八年普悠瑪事故重啓調查任務、Uber與計程車司機的生存之爭、華航長榮機師罷工、遠東航空無預警停飛、台鐵集集彩繪列車爭議、瑞芳猴硐路段走山、南方澳斷橋，以及觀光業因疫情重挫等嚴峻挑戰。這些事件在在考驗著林佳龍的危機處理能力及其智慧與膽識。

直到二〇二一年的太魯閣號事故，他走進斷裂的車廂，心中受到重擊。「我先是一個人，才是一個交通部長。」林佳龍自省從政初衷，遂於災後處理告一段落後，辭任部長，重新歸零。這段時間，他投身民間公益，與光合基金會展開一年多的「光合」之旅，走進台灣社會的各個角落；他也擔任電視節目「預見大未來」的科技特派員，參訪智慧科技企業，從中認識台灣企業國際級的視野與佈局。二〇二一年遇上疫情高峰，林佳龍發起捐贈組合式負壓隔離艙的活動，提出C-Tech與科技防疫網的計畫；此外，他也接下「無任所大使」，爲台灣數位產業發展與國際交流合作而奔走，協助推動印太戰略下的數位新南向政策和外交工作。

或許可以這麼說，不管在朝在野，林佳龍不曾停下腳步。他嘗試從不同的角度爲台灣做出貢獻。而這些體驗與這段沉潛的日子，也讓他對台灣的下一個階段別有一番觀察與擘畫。

「台灣，是世界上最危險的地方。」——《經濟學人》二〇二一年四月

俄烏戰爭，觸動台灣人的危機意識

二〇二二年二月二十四日，俄烏戰爭開打，舉世震驚。

這場發生在二十一世紀歐洲大陸的戰火，顛覆了大家原本「不可能」的認知，尤其使人聯想到長期受中國威嚇「武統」的台海局勢，即使《經濟學人》早在二〇二一年四月便宣稱「台灣是世界上最危險的地方」，但過了將近一年，直到俄烏戰爭爆發才眞正觸動了多數台灣人的危機意識。

林佳龍對此有個妙喻。他提到一九九四年的美國電影《捍衛戰警》中有個經典橋段：一名瘋狂的歹徒在公車上裝了炸彈，時速一旦超過五十哩（八十公里）後就不得再低於五十哩，否則炸彈將會爆炸，乘客人人命在旦夕。林佳龍形容，中國政府就如同這位瘋狂歹徒，對人權和數位資

料採取極權控制，人民就像公車上的乘客，受到全面監控，即便想要跳車逃走也行不通。

中國以國家中心主義建構起全面管控型社會，表面上財富兵強，實則大而破碎化。更因近年中國在貿易、科技、產權、金融等領域崛起後，與美國爭世界霸權，爲了維護既得利益，透過民族主義和經濟掠奪，藉由全球化來壯大自己，並以認知戰等技巧向國際輸出威權。中國這種「戰狼」作法，已讓全世界民主國家開始警惕。

反觀台灣，向來提倡人權與普世精神，亦比各國更早面對來自中國的威脅。我們完全了解中國如何以商逼政、科技滲透，從這個角度，可說台灣是全世界的資產，台灣經驗彌足珍貴，值得所有民主陣營借鏡。

至於我們該如何面對中共的軍事威脅？什麼樣的行動可以讓台灣被世界看見，進而被需要，爲我們爭取更多國際盟友？

林佳龍認爲，首先，我們必須立下一個信念的基石：即便台灣遭受中國打壓，也不會讓自己變成打壓他國的加害者，更不會以鴕鳥心態躲起來，讓自己變成受害者；而是應該採取正面積極的行動。根據經驗，當國際衝突醞爲戰事，要結束是很難的。林佳龍大膽預測，若中國領導者爲了自身的私心，以不正義的方式發動戰爭，全世界都將介入，台灣即戰場。然而中國一旦踰越了這條線，將招致滅亡，既得不到中國人民內部認同，國際也會視中國爲「麻煩製造者」（trouble maker）。畢竟，經過美中貿易戰、新冠疫情和俄烏戰爭，世界開始認清中俄等專制政權對人類社會的擴張野心與危害。相較之下，二〇二〇年疫情爆發後，台灣的「口罩國家隊」援助許多國家，物資包裹上印著大大的「TAIWAN CAN HELP」，全世界都看見台灣不是麻煩製造者，而且長期處在中國的壓迫和滲透下，還能夠存活，世界需要借鑑「台灣經驗」，「台灣模式」是解決問題的鑰匙！

現在是何時？台灣的「關鍵十年」，就在2022－2032年

相較於其他民主國家，台灣從一九九六年總統直選迄今，民主化過程不過才二十六年，但已歷經三次政黨輪替，算是相當年輕的民主國家。台灣意識的形成，還有台灣與世界關係的再定義，將被視爲這個世代的主旋律。

林佳龍認爲，在這個階段，台灣最重要的國家利益便是民主體制的維護。民主可以運作，人權得到保障，這是不容任何妥協的明確紅線，也是台灣再明確不過的民意。然而根據台灣智庫研究，二〇二二年至二〇三二年這段時間也正是台灣重大的「政治時刻」，是我們未來能否永續台灣民主的關鍵十年。

這個時間點是根據兩岸政治時程所研判。林佳龍解釋，今年（二〇二二）十一月台灣的縣市長選舉是執政黨的期中考，緊接著不到兩年，將迎來二〇二四年總統大選，二〇二四年剛好是台灣正式進入大航海時代的四百週年，也就是台灣「參與世界」的四百週年。這一年選出的將是台灣歷史上第十六屆總統，依憲法規定，若執政者連任成功，總統任期將延續至二〇三二年。

另一方面，在中國，二〇二一年是中共建黨一百年，也是中國國家主席習近平打破鄧小平「十年」執政遊戲規則的一年；而二〇二二年對於已在位近十年的習近平來說，更爲關鍵，十月將在北京召開的中共二十大（中國共產黨第二十次全國代表大會），如無重大意外，習將再次連任。林佳龍認爲，習近平一旦於二十大連任，確保長期執政後，這就是他掌握「絕對權力」的一年，而中國政治體制的不可預測性也將因此大幅增加。兩相對照，台灣於二〇二四、二〇二八年進行總統選舉，中國共產黨於二〇二七、二〇三二年召開人大會議，林佳龍認爲在這幾個時間點前後，特別是雙方政治期程中重合的區間，習近平爲彰顯長期統治的正當性，中國強化對台灣經濟或軍事施壓的可能性將大幅提高。

此外，二〇二七年中國除了召開二十一大，也將迎接「中共建軍百年」。這也代表台灣在二〇二四年新選出的總統就任後，勢必面臨來自中國更大的壓力。從政治時程來看，這樣的壓力將從二〇二二年開始，一路延續至少到二〇三二年中共二十二大的權力變動時期，甚至是二〇四九年中國建政百年爲止。這也就是爲什麼「二〇二二至二〇三二年」可視爲關鍵十年，因爲這是台灣民主與兩岸局勢能否永續穩定的最重要時期，二〇二四年之後上任的每一任台灣總統都必須面臨此一重大考驗。

什麼樣的領導者足以當此大任？在林佳龍眼中，一個卓越的領導者，必須懂得善用團結的力量，一旦內部團結，就能加強外部談判的籌碼；而強化對外關係的同時，也會同步促進內部團結。此外，領導者還需具備國際觀，才能看清楚台灣面對哪些威脅和機會，以及在國際上適合扮演的角色，鞏固國家安全，並培育人才，累積實力，爭取國家產業經濟的最大發展。

「數位經濟」與「印太戰略」相輔相成
國家安全與經濟發展不再是零和遊戲

世界正迎來前所未見的巨變，新冠肺炎、上海封城、美中角力、俄烏戰爭導致全球供應鏈重組、斷鏈等問題，改變了過去數十年「全球化」的世界秩序，卻也同時催生數位時代的技術革新，帶動大量宅經濟、零接觸的服務商機。另一方面，氣候變遷帶來的能源轉型需求、人口老化、城鄉差距等問題仍持續發生，對此，數位化不僅是未來不可逆的趨勢，也是可能的解方，台灣產業能否快速布局，超前部署，將決定下一代的未來。

二〇二一年起，林佳龍與國內十二名世界級產業的CEO展開對談，這些企業分別是：鴻海、台達電、宏碁、友達光電、佳世達、研華科技、普萊德、台灣大、LINE台灣、AI Labs、三顧公司、凱亞良品。透過實地參訪與體驗，林佳龍對於電動車、淨零碳排、綠色科技、智慧醫療、AIoT、智慧網通、5G發展、元宇宙等議題，與CEO們進行多角度的思辨交流，探討如何擴大台灣的科技影響力，因應全球挑戰。

從大歷史的角度來看，未來的世界發展將不再只是地緣政治上的強權以硬實力競逐勢力範圍，反而是可以跨越實體疆界的「數位國力」更能投射影響力。林佳龍進一步指出，「數位科技應用」、「導入低碳循環技術」及「以服務爲導向的矩陣創新」將是台灣產業在國際市場上的致勝關鍵。借鑑前述優質產業的經驗，企業內部可積極推動組織改革，培養數位科技人才，鼓勵內部創新；對外則可視能力大膽併購，整合跨域夥伴，打造聯合艦隊，同時優化製程，使用綠色能源，達成淨零轉型目標。

眼下資訊科技的發展已從硬體走向軟體，由原本上中下游「線性供應鏈創新」的模式轉爲「軟體驅動不同硬體」這種系統整合的「矩陣式供應鏈創新」，每一個節點都可能生成資訊，產生應用價值。在這種「矩陣創新」與「萬物聯網」的數位時代下，「爭第一」已毫無意義，「爭唯一」才是王道！

而台灣若想在中美兩強抗衡下厚植數位國力，也必須思考到全球戰略布局的層次。在美國主導的印太戰略下，台灣能扮演什麼角色，也會是我們未來發展的重中之重。林佳龍分析道，「數位新南向」的政策便是致力於將台灣的軟硬實力與印太國家的產業鏈相連結，透過最實際的經濟互利，達到實質外交，讓我們得以藉由這些國際經濟安全架構，提升國家戰略上的情報能力與軍事能力。

傳統上分析國家安全戰略時，外交（Diplomacy）、情報（Intelligence）、軍事（Military）與經濟（Economy）這四個層面俗稱「DIME」，向來是重要的參考架構，然而現在若在上述四種硬實力之外，再加上「軟實力」（soft power）成爲「DIMEs」，則將更符合時代需求。林佳龍認爲這五項構面便是當代國家發展戰略的必要元素，而這也是「數位新南向」的用意所在。所謂「軟實力」可舉一例，諸如疫情期間，台灣以「Taiwan Can Help, and Taiwan is Helping!」的口號，加上對國際社會的人道關懷與災害防救的具體行動，都顯示了我們在人道精神和救護能力的價值，台灣甚至可藉機推動成爲印太地區防災人才培育訓練中心，與各國合力提升抗災能量與韌性。透過「以軟帶硬」的推動模式，對內可促進產業發展，改善經濟體質；對外則可提升情報能力與軍事能力，強化國家安全。

在林佳龍的藍圖中，數位新南向的具體成果，便是台灣日後爭取融入美國「印太戰略」與「印太經濟架構」、加入日本主導的CPTPP，以及參與美日印澳等民主國家「四方安全對話」（Quad）、《台美21世紀貿易倡議》等國際架構最好的推進力量。

從「政治阿信」到「政治阿甘」的政治雕塑家

願意以一輩子的時間，打造理想中的國家

林佳龍曾說，「政治不能只看到輸贏、也不是只有成王敗寇。我常在想為何在政治世界裡，不能多幫助人一點，就算別人有困難，我們能否寬容一些，沒有分別心。」但不可否認，政治也像是個道場。林佳龍笑道，整天與牛鬼蛇神過招，當自己遇到和別人有衝突時，常常第一步採取的行動是：先退一步，讓別人贏。也因為常常「讓別人贏」，林佳龍開玩笑稱，自己從以往的「政治阿信」變成「政治阿甘」，走自己的路，堅持理想，始終如一。

在這部分，林佳龍可說是一個無可救藥的樂觀主義者，他形容自己是「政治雕塑家」，願意花一輩子的時間去打造理想中的國家。就像邱吉爾的名言：「悲觀主義者在每個機會裡看到困難。樂觀主義者在每個困難裡看到機會。」林佳龍也曾表示：「在我的從政生涯中沒有所謂怨恨，或是報復。那太浪費時間，遇到逆境時應該盡量去想，你能不能面對？你能不能超越？無論是災難或危機，樂觀的人看見還有半瓶水，而悲觀的人，看到的是失去半瓶水。」

在政治的世界，林佳龍提醒自己時刻謹記奇美創辦人許文龍先生援引過的馬克思「三塊麵包論」：「對餓到快半死、肚子很難受的人來說，第一塊麵包是生命，沒吃就要死了；第二塊是快

樂，有得吃當然比較快樂，但沒吃也能活；第三塊呢？那是毒藥！」林佳龍坦言，爭取權力是政治很重要的一部分，因爲取得權力才能影響公共事務，透過政治取得合法權力，可以興利除弊，讓社會更好。

然而，許多人往往捨本逐末。「透過競爭取得政治權力只是過程，實現願景、政策才是最終目標。」林佳龍認爲，每一位從政者在追求權力的過程中，都應該靜下來問問自己，究竟是要追求權力？享受權力？還是爲了他人善用權力？若取得權力並非爲了實現一個「善的目標」，沒有願景，只是爲了權力而追逐，那麼即便掌權也無法做出正確的決策。至於成功的領導者，則必然要能妥善應用權力。權力不是被供奉在神桌上的供品，權力必須行使才會產生效果。

社會給我養分，我才能成為今天的林佳龍
當我離開人世，我也盼能成為社會的養分

林佳龍從小就是「學霸」、是「人生勝利組」，他成績優異，從建中一路讀到台大政治系、台大政治學碩士，畢業後又飛往美國就讀耶魯大學人文哲學碩士，再取得政治學博士，求學路上都是第一志願；返台後更是台灣少數受過完整政治學訓練並實際投入政壇的從政者。

回想他踏進政壇的那一刻，似乎也不令人意外。因為對林佳龍而言，投入公共事務似乎就如同呼吸一般，是生命中不可或缺的一部分。從小到大，無論是班級、社團到學校的活動、甚至社會運動，都能看到林佳龍的身影。「生活要有意義，不是只關心個人的事，而是要關心社會的事。」他說。

林佳龍算是台灣解嚴前的第一代學運健將，他在台大期間便活躍於學生運動，曾加入台大覺民學會（中國國民黨校內社團），也曾擔任大陸問題研究社的社長，帶領「大陸社」由國民黨外圍社團發展為異議性社團。此外，他還擔任台大學生代表、台大學生會普選委員會主席等重要社團職務，並於一九八七年，進一步組織「自由之愛」校園言論自由活動。這場活動由學生向當時台大校長孫震提出大學改革意見，要求「黨政軍退出校園」，遭到孫震拒絕，林佳龍等人為此向立法院請願。

一九九〇年三月十六日，「野百合學運」爆發，迫使國民黨政權結束「萬年國會」運作，將台灣的民主化推進一個全新的階段，成為重要的轉捩點。當時林佳龍與許多台大的學弟妹都是野百合學運的參與者，許多人後來也踏入政壇，成為彼此數十年來的同志。

「生命是數十年寒暑，即便活到百歲也是滄海一粟，我們幾乎可以預知，自己在幾年後會離開這個世界，儘管無法增加生命的時間長度，但可以決定時間的寬度、廣度和溫度。」林佳龍說，生命意義其實是可以永恆的，但不是追求身體長生不老，他讀了許多歷史，知道追求這些都是枉然。他只願爲所能爲，爲所當爲，爲台灣這片土地上的人貢獻所有。「我們終將有走的一天，但我們的精神不死。社會給我養分，我才能成爲今天的林佳龍，當我離開人世，我也盼能成爲社會的養分。」他說。

PART III

拆彈專家實例分享

——馬機

二〇一九年春，林佳龍接任交通部長。交通部不僅是個充滿挑戰的部會，管轄範圍包山包海、上天下地，特別是當時普悠瑪意外事件剛發生，是交通部最艱鉅的時刻。林佳龍選擇「共同承擔」貢獻己力，有人認爲這是一場危機入市，必定充滿風險的歷程，有好戲可看。

然而，林佳龍並未畏懼，搬出他最擅長的政策布局與精準洞察、判斷力做準備。果不其然，甫上任就遭逢史上首次的華航機師突襲罷工，迎接部長生涯序幕。危機不只一樁，二〇一九年的交通部一整年充滿考驗，沒有一項是輕鬆事；等待其後的還有Uber與計程車檯面上生存之爭，背後的各方勢力爭鬥，出的包該怎麼收？都是非常難以處理的危機事件。攸關未來台灣重大發展的5G執照競標，也不能置身事外，林佳龍必須正面接招，打開風向雷達，大膽部署與行動。

危機處理考驗的是領導者智慧及膽識，決策過程中如何保持冷靜、清晰分析，又要能透過各種管道及策略解決問題，必要時以創新突破格局的思維，在危局中衝出一條生路，讓棘手事件化爲圓滿。在交通部的這段時間，關關難過，林佳龍常搭高鐵四處奔走，每天清早從台中離家出門，到台北開會或往南視察，他說，在交通部的日子，責任重大，步伐要更堅定。每天傍晚或深夜搭車回家吃飯、陪伴家人，成了他這段時間最大的慰藉。

危機在前，心頭必須有數。林佳龍被稱爲「拆彈專家」，他在交通部任內解決許多事件的內幕與過程，經過採訪追蹤整理之後，可以是經營者危機管理課程的特別教材，或政府公部門應變的典範參考，更像是決策者心路歷程真心告白，從中看到林佳龍領導力的縮影。

以下是那些林佳龍「拆過的炸彈」……

小黃計程車vs.Uber

多方利益角力戰 如何用創新讓「大家一起贏」？

「沒有人會輸，Uber可以一起贏。」奉時任部長林佳龍的指示，交通部政次王國材拍攝影片，代表交通部說明立場與解決原則，簡單扼要的一句話，既好記，又令人印象深刻，更讓人引起好奇想要知道，如何可以達到各方都贏的局面。

時間拉回到二〇一三年四月。

Uber進入台灣，改變了許多消費者的搭車習慣，也改變了許多人的收入。計程車司機因爲客人被拉走，收入減少了；有些人卻因爲Uber的低門檻及彈性時間，而增加了第二份收入。

起初Uber因為法規侷限與市場競爭關係，顯得腹背受敵，不過卻以分享送折扣的低價促銷，補貼消費者，並且大舉招募白牌私家車，發起各種有趣的行銷活動，創造話題與吸引力，迅速獲得消費者喜愛。另一方面，更在網路上打起宣傳戰，Uber網路訴求主軸：「沒有人應該輸」（所以部的主場才會回：「沒有人會輸」），讓小黃司機們，只能用傳統方法抗議，例如圍堵行政院、上街頭抗議政府等手段，表達對這種新形態服務衝擊生計的不滿。

產業的不公平競爭　交通部無法坐視不管Uber

實質上，交通部不得不處理Uber爭議的主要原因，在於Uber進入台灣市場，不論與白牌車或是租賃車合作，都是提供類似計程車的服務，卻出現了規避「納稅、納保、納管」的問題，顯然不在於法可行的範圍內，甚至有違法疑慮。而且，這樣的營業模式，卻未遵守相同的法規，導致計程車產業失序，從政府保障消費者的立場而論，Uber若長期無限制成長，將宰制駕駛以及消費者的選擇，是否符合公共利益，也仍有許多疑慮，這些不合理狀況，都需要政府面對及管理。

交通部另一個不能放下的，還包括眾多計程車駕駛，不僅需要取得執業登記證、每個月必繳交靠行費、車隊會費，每一趟所賺的錢，都是辛苦錢。營運上也須取得計程車牌，總量受到限制，還必須依照規定跳錶收費，並符合計程車客運業的各項規範。Uber不僅低價搶市，營運車輛也無限量增加，不僅市場高度重疊，計程車客源被明顯拉走，也讓計程車駕駛的生活更加艱難。

政府曾在二〇一七年二月，以Uber招募自用車進行計程車業務，明顯違法爲由，對Uber開罰金額總計超過十一億，迫使Uber宣布停止台灣載客服務。沒想到，短短兩個月後，Uber又宣告復活了！

這次復活，Uber改與小客車租賃業者合作，將自用車掛在租賃公司下，恢復原本叫車服務。以租賃車輛來行使即時派車業務，雖然沒有違反禁止自用車營業的規定，但當然還是踩到了原本計程車業者的線。屬於特許行業的計程車業者，以各種方式抗議，認爲Uber此舉是鑽漏洞搶人飯碗，靠著低價競爭整碗端去，依法接受監管及納稅的計程車業者與駕駛，絕對有理由生氣。

林佳龍在接任交通部長之際，一開始盤點可能面對的難題，就發現Uber問題已經耽擱了好一段日子，還沒有找到最好的解決方案。

交通部有意透過修正「運管規則103-1」（簡稱103-1條款）納管Uber，但當時社會普遍的討論，都陷入只能在計程車與Uber當中二選一「零和」思考的陷阱中。不過這個議題涉及計程車團體、租賃車行團體、計程車與Uber駕駛，還有國內具有相當營運規模的計程車隊與Uber這個新創獨角獸企業，要處理這個議題，必須要從各種不同勢力中求取平衡，每一個步驟與決策，都沒有失誤的空間。

由於各方的利益彼此衝突，卻又彼此牽制、合作，若以數學來比喻，就是解開「動態聯立方程式」，尋找到各方都能接受的解答，需要花費不少時間折衷、溝通，必須分階段把不變的政策目標定下來，再分步驟協調，促使各方都能讓步、妥協，把變數變成常數，引導大家走向交通部的政策目標。

林佳龍認為，「共享經濟」與數位「創新服務」，是未來的消費趨勢，為了消費者最大權益，在觀念上應該支持，因此不預設立場禁止。但Uber從最初的共乘，「變形」發展成為一套新的創新產業，雖然是租賃車、卻經營計程車業務，成為不公平的競爭基礎，「不能被這些名詞（共享經濟）迷惑，但也不能否定進步趨勢，更不該因為Uber議題，而造成社會意見對立。」

在拆解這道難題時，林佳龍曾公開對外表明：Uber若想在台灣經營交通運輸，就必須守法納管；政府規範不足，就應該修改；計程車失去競爭力，就必須改善，這才是民主社會常態，而非零和賽局。

預告103-1條款　引爆各方角力拉鋸戰

交通部原本打算先從法規面來拆解難題，也衡量可能面臨的衝擊。經過一番討論，終於在二〇一九年二月底，預告汽車運輸業管理規則第一〇三條之一修正案，明確規範小客車租賃業載客條件：

＊應以日租或時租方式計價，起租至少一小時，並且不得以優惠或折扣規避。
＊租賃小客車不得外駛巡迴、排班。

也就是說，Uber與租賃業合作，就只能以租賃車方式載客，不得從事計程車營運行爲。

不過在預告之後，換成Uber抗議了。

Uber業者認爲，他們當初爲了「納稅、納保、納管」，已經和租賃車業者合作，並協助輔導司機取得職業駕照及合法營業用車，自認已經合法。交通部修改後的條款，擺明是針對Uber而來。當時台灣Uber擁有近一萬名代僱駕駛，這麼多的駕駛，勢必無法在短時間內馬上轉行改開計程車，意味著許多人將失業。此外，當時綁定信用卡的Uber用戶有三百萬人，這麼龐大的

Win Together
#沒有人應該輸
所謂的創新
是指給大家一個更便利的未來
讓我們一起，坐好做滿！
Uber

消費族群，未來叫車將會花費更多金錢、等待更長時間，使用率必定大幅減低，最後Uber只好選擇退出市場，無疑對交通部產生龐大的改革壓力。

作爲美國知名新創產業之一，若Uber退出台灣市場，影響非同小可，就連美國政府，甚至也透過AIT（美國在台協會）來函關切，Uber駕駛自救會、租賃車行則號召萬人上凱道，希望透過支持的消費者與駕駛施壓，陳情撤銷Uber條款。

當時Uber在台灣經營六年，已在台壯大，「這時候若要在Uber與計程車之間做選擇，已經回不去了。」這個議題，背後蘊含著國內外各方勢力的競爭，也是各種壓力的集結，甚至因爲在選舉年，各種與選票相關的政策，都有一定程度的敏感成分在其中，必須審愼因應。

事實上，這並非交通部修改條款的原意。因爲若趕走了Uber，並不會提升計程車的服務品質，消費者的選擇反而變少。若是在Uber條款架構下，輔導Uber代僱駕駛與租賃車業，轉入多元化計程車業，讓雙方都遵守相同規範，才能讓產業能夠公平且良性的競爭。

至於輿論的風向，有的支持Uber產業創新，認爲政府作法過時，或者認爲消費者權益至上；但也有的看法認爲，產業創新必須與傳統作法磨合，更不能以產業創新的理由，來規

避法律責任，因此不能偏袒Uber。至於政府，可以選擇修改法規、或者採強硬態度禁止產業逾越法律，但這就牽涉到主管機關的態度。其實，就連交通部內部在研議解決方案時，一度也是意見分歧，分為「擁Uber派」和「支持小黃派」。

有次，幕僚們又為了這個議題爭論不休，林佳龍突然丟了這一句：「你們有沒有為消費者想過？一定要非A即B你死我活，讓乘客只有一種選擇嗎？」

三角形理論 林佳龍破除二分法迷思

他在會議上畫了一個正三角形，上面頂端寫著消費者，下面兩個角，各自寫著計程車與Uber。「這不是拳擊擂台賽，把對方打倒就算勝利，」林佳龍說，「你們的思維高度要拉高，要想到的是，如何才是對消費者最有利的，有沒有辦法，讓兩方能各自發揮所長，共同為消費者服務？」

這番話有如當頭棒喝，會議室裡突然安靜了好幾秒鐘。

「雖然每次他一講話，就代表我們接下來又會忙得半死，」當時的祕書陳文信說，「但不得不佩服，部長總是能夠跳出二分法的思考模式，一直逼迫我們去思考，還有沒有其他不同的方法解決。」

林佳龍解決危機的密技：三角形思考法！

情境一

當問題中的角色只考慮解決計程車與Uber之爭，兩方可能對撞，兩敗俱傷。

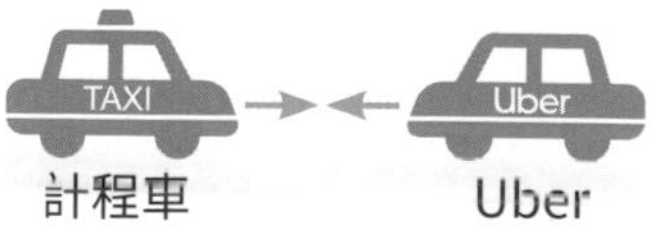

情境二

當問題中納入乘客爲先的思考，計程車業者與Uber會朝向對消費者更有利的方向思考，也願意做出改變，而非互相對撞，彼此謀求更多利益及生存發展的「共好」，三方關係取平衡，也就是處理危機時的「平衡感」。

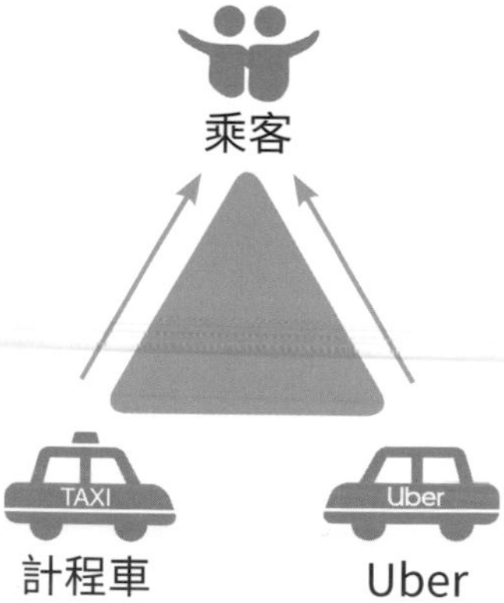

「人車合法」大家一起贏　化解難題創新例

由於過去在國安會工作，以及長期公共政策規劃的專業累積，林佳龍自認是解「聯立方程式」的高手，這題目當然有解，但並非只有社會及媒體輿論所看到的「小黃vs. Uber」這麼簡單。套句俗話來說，就是「背後有多股勢力在周旋、角力」，他也以部長的高度先訂下規矩，在多次的溝通當中，呼籲任何一方，若是有人自私地想要圖利方便自己，是永遠不會有結果的，他是以「共好」的目標，思考如何整合出一個可接受的方案出來。

因此，交通部先與Uber業者會談，確認Uber本身意願，是將在台營運，定位為資訊平台系統，接下來的問題就是：「那麼為什麼不和計程車業合作，讓Uber協助提供資訊平台技術，讓計程車隊來負責駕駛派遣？」

交通部幕僚團隊經過多次密集拜會、討論，一方面就計費費率、付款金流、稅務、計程車牌照取得、App介面、計程車執業考試、車貸融資、保險、計程車跨區領牌、修法開放租賃車業者靠行計程車等各項議題，針對Uber如何轉型合法進行研議；另一方面，也與計程車業者協調改善，並透過優化多元化計程車服務、補助車輛汰舊換新、培訓數位人才等措施，增加計程車業競爭力。

另一方面，林佳龍率領交通部，不僅著眼梳理計程車與Uber的產業競爭秩序，同時化危機爲轉機，在保障駕駛權益的架構下，推動計程車的數位轉型，給消費者更多元的選擇，落實乘客至上等政策目標。統計至二〇二〇年三月初，台灣的多元化計程車數量，已經從Uber在二〇一九年初納管前的兩千多輛、占計程車總量不到3%，隨著Uber的納管後以及各大計程車車隊的投入，多元化計程車迅速增加到九千兩百多輛、占計程車總量超過一成。事後證明，這樣的轉變，爲台灣的計程車行業帶來「數位轉型」的契機。

簡單歸納來說，就是交通部一方面輔導Uber轉型爲多元化計程車，讓人車合法化。另一方面提升老舊計程車的服務水準，補助計程車進行汰舊換新，並協助計程車駕駛轉型成爲職人，達到「Uber計程車化、計程車數位化」。

因此林佳龍拆解這次危機的成功關鍵就是在「人」的處理，包括計程車駕駛、業者、Uber與租賃車業者相關人之間，交通部要如何借力使力，在競爭關係中又願意合作，還一併將既有法規限制藉此機會鬆綁，達成各方合作，順利解決問題。

從政策管理的角度而論，「Uber合法化與計程車優化」的政策選擇考驗，從早期計程車特許寡占市場的絕對局勢，遭逢Uber後起之秀，在全世界挾帶科技與便利的挑戰，政府自然無法在法律規範上失守，讓違法的Uber有機可乘，但也無法獨厚一方，導致「順了姑意逆了嫂意」，或者讓消費者抱怨，而對主管機關有所誤解。

林佳龍採取簡單易懂的三角型理論，不僅是破除二分法迷思，也是在共好的邏輯上，找出讓各方在「雖不滿意、但能接受」，且能相互提升的作法，化解可能爆發雙方輪流上街頭抗議的危機，並且固守交通部主管機關的監理原則、興利創新。

這樣的想法固然是正確的方向，然而在與業界各方溝通的過程，林佳龍形容簡直是「刀光劍影幾十回合」，經過大家激烈辯論與修正調整後，才逐漸取得結論。

放眼國外，面對像Uber這樣的新創公司，對傳統交通運輸產業的衝擊相當顯著，大部分國家仍然單純全面開放或禁止作爲考量，少有像台灣能協調修訂出「政府納管、雙方共和」的創新局面。交通部採取兼併包容的多元化思考，不僅破解僵局，走出一條全新的道路，就連原本一直與政府對立的Uber業者，也從原本的反對轉爲支持，或許又讓台灣的治理經驗，在全球留下一個特別的紀錄。

如今，在台灣的大街小巷中，可以看到計程車與Uber等多元計程車並行。計程車小黃開始有些好的轉變，有些車隊甚至也開始多元化經營，提升服務品質；而搭乘Uber，依然舒適便利又合法納管。對消費者而言，搭車選擇不僅更多、也更加放心。

在那個林佳龍腦海中的三角型理論，已經活生生在咱們的生活中出現了。

附註：交通部針對多元計程車採行各種配套措施

車合法

❶ 開放計程車跨區領牌

據公總統計，全國計程車共有一六五五一張空車車牌，但雙北地區計程車牌照數量供過於求，其他地區（桃園市、台中市、新竹縣市等）卻不敷使用，各縣市每人享有計程車服務的數量不均。在計程車全國總量不變的原則下，開放計程車牌跨區行政過戶，可以均衡計程車產業發展，不僅能消化雙北空車牌過剩問題，也能抑制其他縣市計程車空車額不足，導致牌價哄抬的情形，讓Uber得以順利轉型。

❷ 輔導租賃車業轉型、建置租賃車數位化平台

交通部修正汽車運輸業管理規則第九十一條之四，以開放租賃車業者得以法人靠行計程車行的過渡性措施。同時透過交通部運研所與資策會協助建置數位化平台，優化租賃車市場經營環境，鼓勵小客車租賃業朝向觀光旅遊市場發展，提升租賃車服務品質，以消化過多車輛，維護產業競爭秩序並落實分業管理。

❸ 開放保險及車輛型式放寬

政府應協助Uber在轉型過程中，車輛可以順利取得計程車合法資格。

人合法

① 增開計程車執業登記證考試場次

商請內政部警政署協調各地警察機關，大力配合增加計程車駕駛人執業登記證考試場次。

② 延長緩衝期

同時有條件延長緩衝輔導期，讓租賃車業有轉型或退場時間，Uber駕駛也有時間轉考計程車執業登記證。

平台合法

預告車資與平台納管

修正汽車運輸業管理規則等相關規定，優化原有多元化計程車服務型態，同時也將資訊平台納入管理，除了開放不同車種及跨區領牌，多元化計程車在不低於計程車核定運價原則下（保障駕駛薪資），可以免除計費表、可事前預告明確車資、並且將乘車資訊透明化，與傳統排班、路攔計程車按表收費區隔開來，提供消費者更多不同的付費選擇。

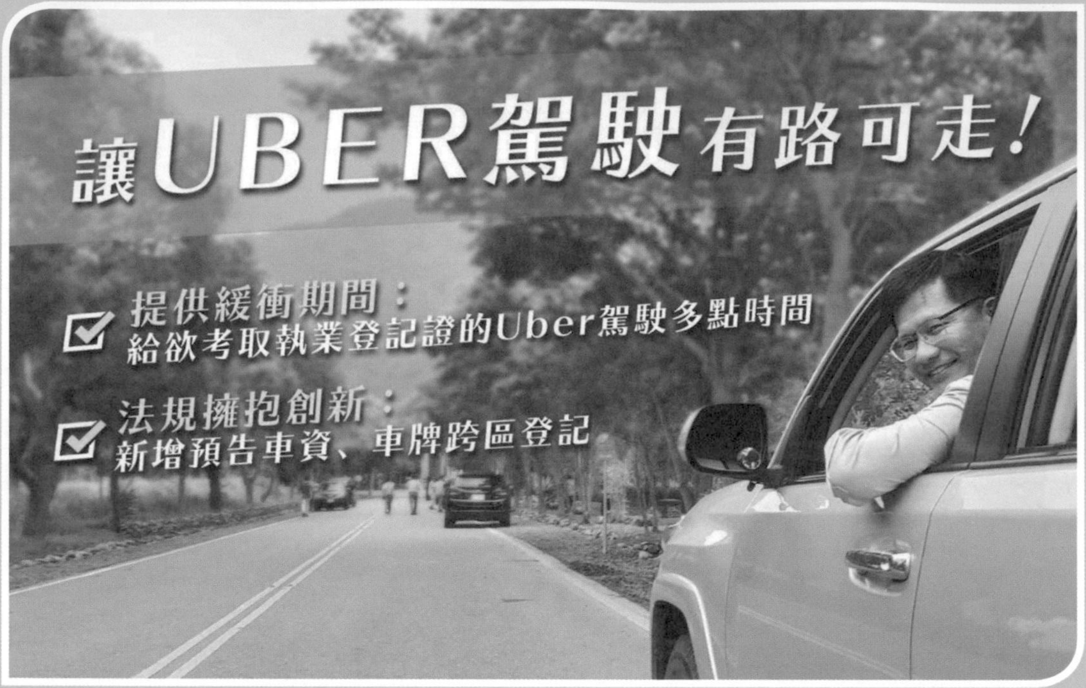
讓UBER駕駛有路可走！
提供緩衝期間：
給欲考取執業登記證的Uber駕駛多點時間
法規擁抱創新：
新增預告車資、車牌跨區登記

多元計程車方案
披荊斬棘上路！
請乘客支持並包涵體諒
Uber

受益對象	好處
消費者	傳統計程車與多元化計程車並行，消費者可依照個人不同需求叫車。在「多元化計程車」彈性費率配套機制裡，新增明確的「預告車資」，消費者搭車前就可透過App知道車資、路程，不必擔心駕駛繞路多算錢，權益獲得保障。而各車隊在相互競爭下，消費者乘車時更能享受較佳的服務品質。
計程車隊	車隊可以同時經營傳統計程車，也可以與Uber合作，使用其資訊平台經營多元化計程車，透過提供更多元的服務，滿足不同需求的消費者，車隊經營將更有彈性。
計程車行	現有計程車行，可轉售車行給原本與Uber合作的租賃車業，此外開放接受車牌跨區過戶，可以消化過剩的空車車牌，同時吸納Uber駕駛靠行，亦可增加每個月靠行費收入。
計程車駕駛	交通部推出計程車汰舊換新補助擴大辦理，同時推動計程車駕駛關懷據點計畫，協助運將解決問題、釋放壓力，並透過與工會協力，設計培訓計畫，減少計程車司機的數位落差，傳統計程車司機可藉此機會，升級軟硬體服務品質，打造出駕駛職人的專業形象。
Uber 平台	雖然與計程車合作需承擔一定的轉型成本，卻能解決近年衍生的適法與定位爭議，得以留在台灣市場合法永續經營。
Uber 駕駛	政府加開考試場次，協助Uber駕駛取得計程車執業資格，轉入多元化計程車駕駛，未來不必擔心適法性問題造成可能失業的恐慌。此外，規定預告車資不得低於計程車資，亦能保證駕駛收入。
租賃業者	開放租賃業者以法人名義靠行計程車行之過渡性措施，租賃車駕駛人之車貸，也可以原利率平轉至多元化計程車，藉此機會順利轉型，增加經營面向。 交通部運研所與資策會合作開發「租賃車數位平台」，優化租賃車服務品質與開發觀光潛力市場，落實與計程車之分業管理與維護競爭秩序。

Uber 爭議始末

第一階段　Uber 招募自用車載客

二〇一三年四月	Uber進入台灣市場，招募自用車載客營運。
二〇一四年七月	計程車司機集結交通部前，抗議Uber違法載客。
二〇一四年十二月	交通部認定Uber違反《公路法》，開罰Uber。
二〇一七年一月	立法委員提案通過修正《公路法第78-1條》以加重處罰，招募自用車載客營運，罰鍰由原來的九千元至九萬元，提高為十萬元至兩千五百萬元。
二〇一七年二月九日	Uber累計罰款超過新台幣十一億，宣布二月十日起歇業。
二〇一七年二月十日	許多Uber司機上街頭表達訴求。

第二階段 Uber與租賃車業者合作

二〇一七年四月十三日	Uber宣布與小客車租賃業合作，重返市場。
二〇一八年三月三十日	公路總局修正《小客車租賃業違反汽車運輸業管理規則事件統一裁量基準》，按次處以罰鍰，違規最重廢止汽車運輸業營業執照，及吊銷其全部營業車輛牌照。
二〇一八年五月	計程車業者上街抗議Uber違法經營。
二〇一八年八月	計程車業者反映，抗議小客車租賃業附駕服務（Uber）侵害其業務。
二〇一八年十月—十一月	交通部與計程車產業代表密集座談，達成回歸分業營運之共識。 此外，交通部亦邀集小客車租賃業，研商增訂專款管制座談會，惟與Uber合作之業者，仍反對專款限制。
二〇一八年十一月十五日	公路總局擬訂專款，規定租賃業車程需高於一小時以上，引發小客車租賃業者至交通部陳情抗議，對新增專款內容表達反對立場。
二〇一九年一月三日	公路總局再次邀集小客車租賃業者，檢討汽車運輸業管理規則增列專款事宜，業者表示，應先推動「小客車租賃業多元化方案」後再討論修正法規。

第三階段 103-1條款修正

二〇一九年二月二十一日	交通部預告修正《汽車運輸業管理規則第一〇三條之一》（簡稱103-1條款），明確規範「小客車租賃業與資訊平台業者合作提供附駕載客服務者」。
二〇一九年二月二十三日	總統邀請計程車業者茶敘，全力協助提升產業競爭力以及乘客服務品質。
二〇一九年三月—四月	公路總局召開103-1條款預告期間，南、中、東、北區四場座談會，以廣納收集各界意見。
二〇一九年四月九日	Uber亞太地區資深公共政策總監Ann Lavin率員拜會交通部，Uber建議103-1部分條文內容應刪除或修正。
二〇一九年四月十九日	美國政府透過AIT（美國在台協會）來函關切。
二〇一九年四月二十一日	Uber司機與支持者上凱道抗議103-1條款。交通部重申希望Uber在台成立計程車客運服務業，落地納管。
二〇一九年四月二十六日	103-1條款修正預告期滿，有計程車司機集結要求政府落實該草案。
二〇一九年六月六日	第一次修正發布103-1條款。
二〇一九年七月—九月	交通部與各單位協商，就金流、稅收、計費費率、計程車執業考證、車貸、App介面等議題討論。

二〇一九年九月十一日

交通部預告再度修正103-1草案，並有條件給予一定期間之輔導期，使小客車租賃業駕駛人，較有充裕時間轉職於計程車。

二〇一九年九月十二日

全民計程車司機聯誼會總會至行政院周邊抗議，對103-1條款暫緩執法，以及交通部倉促開放用App計費，表達不滿。

二〇一九年九月二十七日

交通部預告修正《汽車運輸業管理規則第九十一條之四》，開放租賃車業者得以法人靠行計程車行。

二〇一九年十月一日

交通部發布《修正汽車運輸業管理規則》等相關規定，使多元化計程車可採App預告車資、開放三門車及跨區領牌。Uber公司對外發表聲明「新營運模式與台灣同行」，決定新增多元化計程車模式，輔導旗下司機取得執業登記和牌照。

二〇一九年十月四日

再次發布修正103-1條款，有條件給予一定期間之輔導期。

二〇一九年十月二十三日

交通部發布修正《汽車運輸業管理規則第九十一條之四》，開放租賃車業者得以法人靠行計程車行，並以103-1輔導清冊車輛為限。

二〇一九年十一月六日

交通部公告輔導期間至十一月三十日止，十二月一日起正式執行。

▍計程車街頭陳情抗議

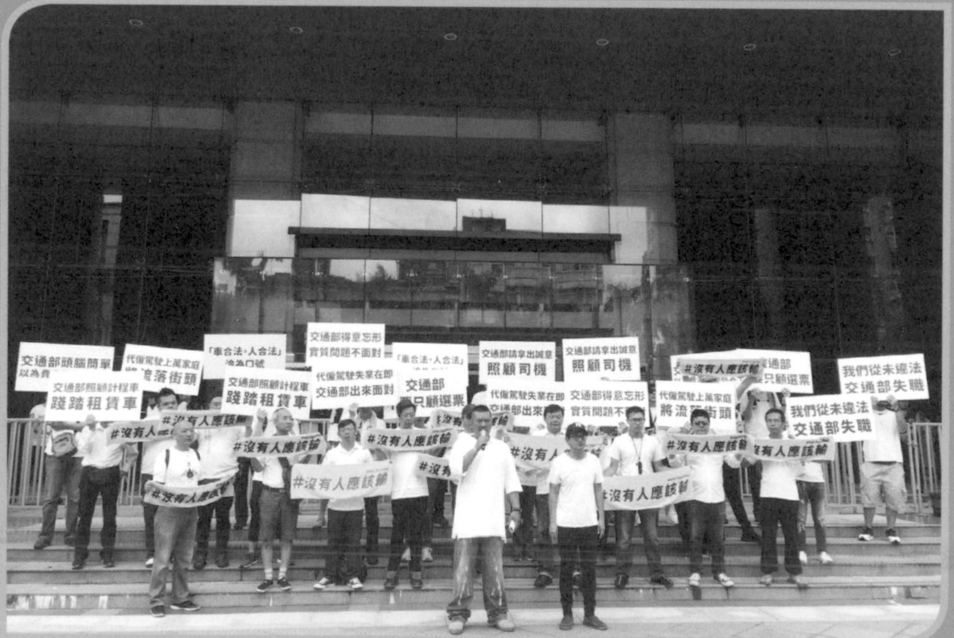

▍租賃車陳情抗議

華航罷工vs.長榮罷工

罷工中的談判與解圍關鍵

抗爭山雨欲來　提早佈局嚴陣以待

二〇一九年二月八日，大年初四清早，往年在春節假期都是非常忙碌的桃園機場，這一天氣氛相當微妙，因爲華航機師工會凌晨宣布開始罷工，許多媒體一早湧入機場，關注這場工會大動作會發生什麼事？排好要出國的旅客能否順利成行，機場瀰漫焦急不安的觀望、搭乘華航班機的旅客忙著詢問。

對交通部而言，華航機師罷工的狀況雖然早有掌握，但這是當時一月中甫上任交通部長的林佳龍，第一場震撼教育，面對運輸業最忙碌的時期，出現這個重大危機事件，部內相關人員放下春節休假，開始跟著林佳龍設法解除這道難題。

危機因應的發動點，從一月三十日一場會議開始，交通部當時研判，華航機師工會將在二月一日臨時代表大會上，決議重啓罷工的可能性非常大，因此林佳龍決定請次長與相關單位，立刻提早組建部內應變小組，同時建立交通部與勞動部、桃園市勞動局等單位的熱連線，掌握任何可能罷工的相關訊息，在面對管理危機佈局上，先建構成資訊協調的任務框架。

華航機師在春節期間罷工的因素，也許錯綜複雜，但華航與工會之間氣氛一直處於緊繃，始終未能妥善化解，加上華航與工會之間，已有超過三十件的不當勞動行爲裁決、行政及民刑事訴訟案。這些官司可能沒有辦法把勞資之間的問題澈底釐清，也因爲華航在勞動案件敗訴後，再提行政訴訟，或採取一再上訴的策略，導致華航勞資關係難以緩和。

華航櫃台示意圖（非事件期間）

兩年多來談判未果　醞釀罷工的遠因近由

工會與華航的恩怨，時間必須回到二〇一六年，華航空服員罷工事件及五三一大遊行。華航背負著國家航空的稱號，及不斷增加的國家飛航任務，始終存有人力短缺、超時工作、紅眼航班、及年終獎金過低等勞動條件低落的問題，再加上華航子公司的勞資關係極不穩定、解雇工會幹部、派遣外包人力與普遍性低薪等等因素，勞資關係問題猶如一顆不定時炸彈。

二〇一六年五月，因華航要求員工簽署責任制契約、六月起更改員工報到地點，以及累積已久的機師休假等原因，雙方又爆發勞資爭議，桃園市空服員職業工會宣布，所屬中華航空的空服員自六月二十四日凌晨時罷工，不再供應勞務。是時正值蔡總統上任後出訪友邦國家，總統對機組人員喊話「若非忍無可忍，不會罷工」、「這條路上會與各位一起度過」、「不會讓你們感到孤單」。總統的表態及社會氛圍支持空服員，讓甫上任的華航董事長何煖軒全盤接受工會的要求，短短三天內結束罷工。然而，當時快速落幕的罷工行動，並未解決眞正問題，工會事後發現感覺被騙，華航又以破壞勞資關係爲名，懲處工會幹部，勞資雙方似已結怨更深。

二〇一七年十二月，華航人評會以華航企業工會幹部三人參與同年六月二十三日「交通運輸業工時大體檢」活動時，言行「破壞勞資關係」爲由，建議應予以解職或調職，此舉引發工會的抗議，華航則反擊機師工會，批評工會支持喝酒遭解僱的機師。隨著華航機師勞資爭議不斷與擴大，機師持續不滿過勞，機師工會多次醞釀罷工。

二〇一八年八月七日，桃園市機師職業工會舉行罷工投票，通過分屬長榮航空及中華航空的機師均取得合法罷工權，機師工會訂在八月下旬前，若資方未能協商，便在八月二十日宣布罷工期程。之後雙方均與資方進行三次協商，八月三十日，機師工會宣布勞資雙方達成核心訴求的初步共識，一年內暫緩華航、長榮機師罷工，並在同時間內完成協商。

然而，二〇一九年一月八日的外籍機師疑似過勞致死事件，機師工會要求，長程航班應改為四人飛行，呼籲長榮及華航都要重視機師超時航班狀況，以及改善派遣人力調度問題。由於華航在勞資協商中，片面毀約、態度並不退讓，觸動本已緊繃欲斷的勞資關係，華航勞工當然以此正當性理由，發動抗爭，機師工會乃計畫重啓罷工。於是在二月一日，機師工會在臨時代表大會上，通過重啓中華航空的機師罷工，並不排除春節行動，儼然成為後來罷工行動壓倒駱駝的最後一根稻草。

面對山雨欲來的情勢，部內也掌握訊息，林佳龍明確提醒華航不應大意，需以「最壞劇本」來推演，長期來的勞資問題更是關鍵，應嚴正看待，而且要以飛安為前提，考慮各種解決方式，讓勞資關係改善，作為危機處理的核心策略軸線。

華航勞資事件紀錄

時間	事件問題	工會行動 vs 華航公司
2016.05	華航要求員工簽署責任制契約 更改員工報到地點	桃園機師工會與其他工會聯合擬發動抗爭
2016.06.20	空服員率先抗爭	2,535名空服員通過罷工投票
2016.06.24	華航空服員罷工 總統出訪友邦國家旅途中，表態支持勞工	桃園市空服員職業工會發動凌晨罷工
2016.06.27	罷工結束	華航董事長何煖軒全盤接受工會要求
2016.10.14	工會不滿資方拒絕溝通	400名工會會員在華航臺北分公司前抗議
2017.10	機師工會指稱懲處幹部不當	勞資爭議再起
2017.12	機師工會再度不滿抗議	華航人評會建議對工會幹部解職或調職
2018.08.07	機師工會發動罷工	工會投票率84.9%，1,187名機師會員贊成罷工（贊成比率97.9%）
2018.08.10 08.19 08.22 08.30	勞資二度協商 暫緩罷工一年	協商取得進展，凍結罷工權一年，暫緩罷工，資方應在期限內完成協商
2019.01.08	外籍機師疑似過勞致死 工會要求協商	工會要求調整長程航班勞動條件，華航在協商中堅不讓步
2019.02.01	機師工會臨時代表大會	機師工會重啟華航機師罷工
2019.02.08	機師工會宣布罷工	工會機師會員繳回檢定證，開始罷工
2019.02.14	機師工會宣布結束罷工	勞資達成協商

罷工箭在弦上　交通部即刻啟動應變

基於罷工決議已經通過，林佳龍研判當時情勢，應該會朝向惡化方向走，隨即請次長聯繫當時人在美國，任職華航董事長的何煖軒，希望他能盡速返台溝通處理。起初，何煖軒面對甫上任、還不甚熟悉的林佳龍及其指示並未及時回應，然而時間一分一秒過去，林佳龍面對機師工會要新部長接招的急迫情勢下，乃親自致電給與何煖軒頗為熟悉的桃園市長鄭文燦，請他代為聯絡何董事長。

何董事長對於這樣的工會壓力與外界質疑，則以本身經歷過華航空服員罷工事件，最終能夠落幕為理由的輕鬆態度，希望工會繼續協商，而且還對媒體表示：「若把罷工當做提款機，之後所有人都可能用罷工要求加錢，會沒完沒了。」

何煖軒的喊話，顯然效果有限，甚至引起反效果。期間華航與工會的談判，斷斷續續推展，看似有進度，卻又沒有結論，而且華航大多僅派副總出面代表協商，與工會期待有落差，所以「春節期間可能罷工」的傳聞，已經開始在媒體報導版面上出現。

本來原定計畫在二月四日除夕當天，由林佳龍極力促成何董事長抵台主持的勞資協商會議，工會卻在前一天晚上公布，以華航發信詆毀為由，拒絕出席。讓這個好不容易在林佳龍連日透過中間人，穿針引線勸說及代為傳話，甚至直接親自電話聯繫桃園市機師工會理事長李信燕等多方溝通下，所促成的勞資對話機會，就這樣因爲一紙新聞稿而化爲泡影，令人爲之氣結。儘管當時的交通部政次王國材基於職責，仍然不斷努力，希望華航與工會雙方，能繼續重回談判桌，但外界解讀，工會醞釀出終需一戰的態勢，已然成形。

林佳龍以部長權責出面，呼籲華航好好面對及重啓勞資對話，甚至跟何董事長及謝世謙總經理嚴正以告，「罷工如果沒有處理好，將考慮換人做做看」，同時提出「以旅客的權益及飛安爲優先考量」的原則，試圖鋪下雙方協商時，可考慮的共同基礎，但也注意到公司內部某些意見，似乎對工會仍然抱持強硬態度，甚至有藉機消滅工會的想法，可能會增加對話的難度。

林佳龍一番善意發聲後，試圖取得工會的信任，但勞資關係在公司態度之下，仍舊擺盪不已。機師工會反而因華航持續未釋出善意回應，更加拉高抗爭格局，勞方不再信任公司，對外表示只有交通部出面主持時，才願意出席協商，使得原本規劃中，回歸勞資協商機制，也就是「華航資方vs.機師工會」的協商框架，無法成型。

時機推動了決策點。林佳龍一向非常講究危機處理與決策時的Timing問題，於是當下就決定，「立刻接球」、並且「直球對決」，啓動已備妥方案，待工會眞的啓動罷工，讓身兼航發會董事長的政次王國材先上陣，將工會一起拉進談判桌，協助展開新一輪的協商，以便進入危機處理的主階段。

馬拉松式協商　幕後應變不停歇

罷工氣氛越來越濃厚，外界仍期望不要眞的發生。事情一直到了年初四凌晨十二點二分，桃園機師職業工會正式宣布，即日起開始罷工，在桃園機場的航站大廳、松山機場與高雄小港機場，前往搭乘華航的旅客，才開始感受到華航罷工的效應，旅客的不安和訝異，也成爲媒體記者採訪的素材對象。上午消息傳開來，正在歡慶過年的社會氣氛，頓時被這首次出現的機師罷工引出些不安和議論，也蔓延在網路討論上。

交通部在機師工會宣告罷工時間的同時，部內相關主管層級官員，立刻依照原先的危機應變推演，各權責單位啓動緊急應變機制，並成立應變中心。沒有等外界過多的揣測發生，年初四當天早上九點，林佳龍隨即親自召開第一次應變會議，就航班調度、旅客服務、機場服務、旅遊業務、勞資協

華航罷工期間告示

華航旅客（資料照片）

調等議題，分組分工研商，擬妥執行計書。林佳龍處理危機的風格，其中一項特質就是「應變動能要快，處理問題要澈底」，交通部內部同仁們，感受到新上任的林佳龍明確要求，相關人員更是全力面對，務必將罷工期間所可能的衝擊、傷害降到最低。

畢竟，在農曆春節期間罷工，影響力道絕對大過平時，這也是工會選擇最有利於爭取權益的時機點，目的就是要以最大的壓力，迫使資方高層出面解決，達成訴求。而當社會輿論和華航內部出現各種聲浪，包括贊成或反對，甚至是社會大眾勞動界的多數意見，開始浮上檯面，形成談判桌的外部壓力。但從媒體反應顯示，對於直接受影響的旅客而言，這場突襲式罷工，讓返鄉、出遊、探親、商務活動等各種行程帶來困擾，有人受到不便而心生反感，也有旁觀者無奈卻也願意支持，似乎已經不再有過去全民全力支持空服員罷工的社會氛圍。

無論在媒體版面與網路聲量上，消息一出，各種意見快速湧現，交通部一方面關注輿情，另一方面督導管理華航。在罷工開始的第一天，即有約三二〇名華航機師繳交檢定證、並加入罷工，人數約為工會會員的三分之一（華航有一三〇〇名機師，其中外籍機師約一三〇名，而本國籍機師加入職業工會約有九百多人），這股不小的意見，對資方而言，恐承受相當的壓力。

華航高層雖試圖化解僵局，顯然並未在第一天內奏效。交通部應變小組在內部持續密集展開各種推演，分別從釐清勞資問題爭點，計算各種談判條件的可能性，另一方面要求華航透過派遣調度，將抗爭罷工的衝擊降到最低。華航除了設法調度人力與調整航班計畫，降低對旅客權益的影響，並緊急在官網成立「機師工會罷工說明專區」，公布班機取消資訊。自二月八日至十一日，包括飛往上海、北京、東京、洛杉磯等班次取消，合計至少超過二十班，華航試著將旅客簽轉、延後或更改起飛時間，維持運能，但這些作為，並未能緩解工會的怒火，反而引發公司內部對應否罷工的兩極意見，甚至公司同仁之間，開始互相產生質疑和情緒意見。

罷工進入第二天，交通部轉達華航對於訴求有善意回應，因此工會願再相信交通部一次，希望看見資方端出善意。是日下午，交通部邀集勞資雙方進舉行第一次勞資協商座談，各界眾所矚目，但談的結果並不順利，顯然僅是停留在勞資互相質疑，以及摸索談判底線的初階，工會沒有達到五大訴求目的，不可能快速收場，交通部也意識到，這可能是一場耗時的對話，但實際上，實在無法任由時間拖延太長。而華航此時，更是提出片面終止與罷工機師的僱用關係，雙方因而爭執不下。

最後，協商座談在交通部見證下，建立第一道共識基礎，同時林佳龍指示交通部同仁，直接發布訊息，指出罷工機師與華航之間的僱用關係持續存續，僅於罷工期間暫停薪資、外站住宿、交通費等福利相關給付，讓場外靜坐的勞工可以同步接收第一手訊息。此時，工會獲得員工與華航雇傭關係持續的保證，協商才有辦法繼續推展。

不過，協商談判進入實質討論項目之後，也立刻卡關。工會原訴求爲執勤時間（FDP，含報到和報離等準備工作時間）八小時三人派遣、十二小時四人派遣，但華航僅同意飛航時間（FT，單純飛行時間）十二小時以上四人派遣，但三人派遣原則應以八小時的FT還是FDP爲準，雙方可說立場及標準毫無交集，歷經六小時討論後觸礁，外界形容，工會就是要讓資方體驗一下「疲勞航班」的感受。

勞資仍舊互不退讓　談判陷入膠著

罷工進入第三天，華航地勤主管以地勤人員之名出面，抗議罷工，再度引發爭議，交通部積極協調，希望勞資雙方儘快再坐下來談。終於在第四天，二月十一日下午五點進行第二次勞資協商座談。工會持續提出「改善疲勞航班」、「升訓制度透明化」、「保障本國機師工作權」、「禁止對工會會員打壓、撤換不稱職主管」及「比照長榮保證第十三月薪資領全薪」五大訴求。時至此日，總計有六二二位機師加入罷工行列，也是工會動員行動的最高峰，支持與反對罷工的機師代表，還有聲援者，從座談開始起，就在台北市仁愛路交通部大樓外靜坐，時而在交通部拉起的封鎖線分隔兩邊，互相叫陣，雙方氣氛依舊緊張。

由於「疲勞航班」是此次機師工會罷工的首要訴求，工會從執勤期間（FDP）八小時三人派遣、十二小時四人派遣，在十一日退讓至飛行時間（FT）八小時三人派遣、十二小時四人派遣，不過若超過一個航段七小時，就得安排三人派遣的要求。就此，華航同意前二項，對於第三項「超過一個航段七小時就得三人派遣」仍表示無法接受，考量原因是，這樣安排一年就要多增加九百多人次，一年要增加九十個機師，華航無法負擔這樣的衝擊。交通部政次王國材強調，本來折衷提出針對紅眼航班放寬成七小時三人派遣，但很遺憾協商結果並不如人意，建議雙方回去試算後，儘速回來進行第三次協商。

在爲時近五小時的溝通談判，因雙方仍舊互不信任，各項勞工訴求持續卡關，勞資互不退讓的情況下，案情膠著不前，也陷入接下來該怎麼繼續談的複雜氣氛及壓力。罷工九十小時過去，外界仍難以理解爭議焦點，媒體開始訪談機師工會多位機師及其他航空公司機師，也試圖拼湊起雙方各說各話的內容，並整理國內外機師權益保障比較表。

林佳龍生日當天 深夜收看「紅眼協商」直播

由於勞資雙方持續隔空喊話叫囂，甚至各自提出協商現場線上直播，以試探對方是否膽敢接招，但自己又不輕易對外承諾。在這個勞資協商回到原點的僵局上，林佳龍陷入深思，是否眞要借力使力，讓勞資協商現場對外直播？這是史上第一次勞資協商透過直播全程公開，影響程度無法經驗分析，只能正反好壞逐步推演。

接著，機師工會爲了讓華航資方深刻體會紅眼航班的辛勞，乃在十二日傍晚向交通部提出邀約第三次勞資協商座談，時間非常特殊，選在二月十三日凌晨一點開始，用疲勞時段來討論疲勞航班。至此，勞資關係降到冰點，協商議題各說各話已走進死胡同，爲了再次聚焦談判並創造協商機會，林佳龍義無反顧，即刻同意深夜紅眼協商，同時也爲了讓關注罷工案的旅客及社會掌握完整資訊，決定開放媒體直播。交通部同仁獲得指示後，立即趕在幾個小時之內備妥場地及設備，戰戰兢兢，絲毫不敢懈怠，內心思忖希望這個世紀性勞資深夜協商直播，能夠順利進行。

二月十三日午夜，林佳龍持續留在部內掌握協商進度，凌晨一點開始直播，更透過幕僚所準備的手機軟體，全程將現場狀況傳回部長室，直盯著直播進度，跟著紅眼到天亮。這一天，正巧也是林佳龍的生日。

運用媒體直播納入第三方，改變了過去只有勞資雙方協商的賽局模式，而這樣的重大決定，也讓各界都睜大眼睛，想看看協商程序的戲劇性轉變，將會導致什麼樣的談判結果。因爲，這樣的直播，則勞資雙方的對話，甚至是交通部及勞動部官員的言論，都將攤在外界監督的眼光底下。談判會有什麼結果，每個人都要爲自己言行負責，這必然會增加謹言愼行的壓力，也儼然形成一股牽制勞資雙方穩定堅決的力量。

對於疲勞航班的談判，涉及機師是否工作疲勞，以及華航營運人事成本的增加，由於雙方各自面臨會員及股東的極大壓力，幾度無法對焦，甚至壞臉相看，還發生過機師工會幹部一度表示，在場媒體是漏夜來看好戲的，惹得大家面面相覷，不知從而說起的中間插曲。甚至傳出工會接到內部人士的電話，也一度揚言要中止談判，擇日再說。

在歷經六個小時協商之後，雙方終於在「改善疲勞航班」的原則上達成共識，工會確定不再以執勤時間（FDP）計算，而同意飛航時間（FT）八小時以上原則由三人派遣、十二小時四人派遣（第一次協商時即有共識）。此外，工會具體提出十條「高工時低飛時（未達八小時）」的航線，希望華航改三人派遣，在多次折衝及休息之後，交通部的幕僚力勸總經理謝世謙，親自與工會代表在最後休息的小房間內好好聊一聊，謝總經理動之以情，大家都是華航大家庭的一份子，情感深厚，公司會好好照顧一起打拼的員工等語，終於感動在場的機師，甚至有機師當場落淚。這樣的同理心，讓勞資雙方互有退讓，華航最後同意了其中的五條航線，將增加派遣人力或提供過夜。其餘工會提出的保障本國機師工作權等訴求，因協商已近十一個小時，經雙方同意後隔日再進行協商。

訴求飛安開創新局　機師回歸談判轉折

由於談判過程，幾乎都由王國材政次擔綱主持，外界一度誤以爲部長林佳龍「神隱」，其實在這段期間，他不是赴行政院開會，就是留在交通部辦公室裡坐鎮，除了在多次的會前會明確提出目標「以飛安爲重」，作爲最上位指導原則；其次，也須穩住機場秩序，儘速處理旅客抱怨；第三則是保護第三者旅客的權益，也技巧性地讓機師工會了解主力訴求的重點，應緊扣在飛安之上，社會輿論才會支持，間接才能給資方改善的壓力。

再者，透過內部在第一時間掌控各種狀況，經由各方管道研判訊息，策略上同步提供意見，讓在協商前線現場的王國材政次，可以隨時備案因應，以公正公平的方式，逐步引導勞資雙方，就議題內容依序協商，且儘量維持勞資雙方不離開談判的局面。此外，林佳龍還派出熟稔勞資關係的幕僚在協商現場，持續與機師工會搭建聯繫管道，一方面關懷勞工情緒，取得工會信任，另一方面同時討論議題可能的選擇方案。交通部幕僚偕同勞動部同仁，在中場休息期間，多次穿梭來回勞資之間斡旋，不斷地為雙方說好話，傳遞直接可靠的訊息，讓勞資雙方能夠正確判斷，並逐漸地往中間的共識移動。

危機應變小組的目標之一，就是盡力協調出雙方都能接受的方案，把足以解決問題的關鍵核心，盡快具體浮上檯面，避免沒有明確內容、又無法實現的方案，在談判桌上擴散而導致失焦，致使雙方戰線拉長，在外界放大眼睛關注的情況下，更讓局勢生變或難以控制。由於談判需要雙方取得合意及落實於文字，也就是讓雙方能有「下桌」的理由，才能化解爭端。

就在進入罷工的第六天，華航在提升飛航安全的壓力下，拋出「同意改善疲勞航班」的回應，打開勞資僵局，接著把「高工時低飛時」的問題，理出解決路線，同時在情感招喚下，華航放大同意空間，給予一定折衷及讓步。然而除了先前調度人力及調整班表之外，公司為了永續經營，仍堅決提出考慮收減不賺錢的航線、航班，藉此機會瘦身並進行公司改革。

此消息一出，連續兩天內，已有九十一位機師在當天陸續取回檢定證，到隔天更有將近三百多位機師陸續取回證件。超過一半的機師離開罷工行列，加上有些承擔經濟生活壓力的機師，也慢慢回歸派遣班表正常上班，這個情況，反轉了機師工會在談判上的主場地位。再加上農曆假期結束，航班輸運最大的壓力時間點已經過去，逼得工會也不得不顧全大局，而稍做讓步。勞資情勢一來一往，雙方勢力互有消長，這使得協商僵局初露曙光，罷工落幕幾乎即將有解。

確保機師健康權益　勞資簽訂團體協約

二月十四日上午十時，順利展開第四次勞資協商座談，因相關議題涉及勞動法規，交通部乃邀請勞動部劉士豪政次加入主持人行列。勞資雙方接續對副機師升訓制度，與保障本國機師工作權這兩個部分，仍意見不一致。華航表示，四年前機師欲發動罷工要求增加休假，公司同意要求，並被迫聘僱外籍機師，現在又要求降低外籍機師比率，公司實在難爲。就此，工會反指華航，對於副機師升訓制度的規範不透明，同仁無所適從。

到了下午，在長時間休息的時候，政次王國材還代表林佳龍送給在西洋情人節當天在場辛苦守候的媒體朋友們每人一朵玫瑰花，化解緊繃氣氛。歷經數次休息後，重開談判，對於工會提出禁止對工會會員施壓及秋後算帳、撤換破壞勞資關係的不適任主管、保障十三個月全薪、並納入團體協約且限工會會員等各項訴求，開始有好的解決方向，華航最後以發放飛安獎金，取代工會的保障十三個月全薪，同時以三年半內不再就同一議題進行罷工的和平義務條款，同意簽訂團體協約。另外，也技巧性地避開飛安獎金限於工會會員的難題，讓勞資雙方各有交待。

合意的書面文字在諸多折衝轉彎之後，終於在晚間二十二時，工會所提五大訴求完成協商，雙方在由當時的行政院副院長陳其邁、交通部長林佳龍、勞動部長許銘春及桃園市長鄭文燦的共同見證下，由機師工會理事長李信燕及華航董事長何煖軒簽署團體協約，緊接著由機師工會宣布，二月一四日二十二時二十五分停止罷工，台灣航空史上第一次，長達一六〇小時二十五分鐘的機師罷工正式落幕，各界高度關注的交通運輸危機，獲得好的結局。

華航機師罷工五大訴求及協商結果

工會訴求	協商結果
改善長程疲勞超時航班情況	8小時以上航班　派遣3人 12小時以上航班　派遣4人 5班航班增派人力
副機師升訓制度透明化 保障國籍機師工作權	2年內不直接進用外籍正機師 條件相同者本國機師優先聘用
禁止對工會會員施壓及秋後算帳	依照工會法、勞資爭議處理法等相關法律辦理
撤換破壞勞資關係的不適任主管	公司同意就爭議起因，詳加研議、改善管理制度、加強與工會溝通
保障13個月全薪並納入團體協約，且限工會會員	改為飛安獎金並納入團體協約，金額另議

▍罷工落幕，勞資簽署協約

林佳龍在發表談話時，明顯看出他多日來努力解決危機的壓力，已轉爲緩和的情緒。林佳龍很高興這次罷工事件到了最後，勞資達成了「情人節共識」，此時剛好是他上任滿一個月，華航罷工事件，對他而言是個震撼教育，學了相當寶貴的一課，他也送勞資雙方一句話，就是「勞資一體，善待彼此」。

隔天二月十五日，剛好是立法院新會期開議，邀請行政院長蘇貞昌進行施政報告，外界原本預期，華航機師罷工如果沒有辦法妥善落幕，勢必會成爲立法院開議當天的最大焦點，更會變成在野黨磨刀霍霍的時機。然而就在開議前的幾個小時，華航罷工事件畫下句號，行政院最大的壓力頓時解除，這也是林佳龍上任第一個月，順利化解政府危機的漂亮成績單。

誠懇聆聽用心處理　取得勞方談判信任

交通部事後內部重新檢視，並分析整個罷工事件處理的過程。在這次罷工事件中，交通部能夠居中協調，且獲得工會的信任，與過去採取消極處理華航勞資爭議衝突的經驗，有著非常不同的發展，其中很大的原因，也是工會事後私下告知，就是因爲林佳龍處理事情的誠懇及用心態度。

工會表示，「他是眞的來幫忙解決問題的」。在罷工協調過程，林佳龍親自接見機師工會代表，也數次親自致電溝通想法並傾聽工會意見，讓工會取得第一手及正確的訊息，這也是工會後來願意配合交通部的引導及協調步驟的原因，「因爲林部長就有把握的事情說到做到，不會騙人」。

也因爲這樣處理事情的態度，交通部端出明確立場，設定目標及策略，傾向於「支持解決疲勞航班問題」與「保障本國副機師升訓權」這兩項訴求，來確保機師健康權益及國人重視的飛安，加上考慮華航營運安定上，給予促成機師工會簽訂團體協約的重大進展，能讓陷入膠著的談判，有所轉圜。

林佳龍相當堅持，機師身負飛航班安全重責大任，也就是「飛安」、「旅安」，必須是作爲公共政策議題的前導，才會有正當性，社會大眾也才會支持，這條爭取勞動權益的罷工之路，也才走得下去。這是他身爲學運的資深前輩，所給予工會的誠懇建言。另外，當下作爲交通運輸政策的首長，必須兼顧旅客權益及機場秩序，加上華航仍是官股近半的「半國營企業」，交通部無可避免地，必須以「大股東」身分適時插手，對於超時機師疲勞，以及國籍機師升遷管道等權益，表達支持的態度，足以讓華航沒有辦法迴避，也就不再採取強硬立場，以適度平衡勞資關係。

在這樣多元不同角色的要求之下，林佳龍確實穩健地掌握罷工事件的進展及預作準備，同時以同理心站在機師及工會的立場，著墨解決的方法，運用眞誠的行動力，並選擇在最好的時機點，牽手勞資雙方，一起解決難分難捨的勞資關係。

華航主管加薪案　險釀成工會第三次罷工

機師罷工結束後之後，外界多認爲華航應該可以平靜一段時間，至少公司還在處理罷工後續賠償補償事宜及修復勞資關係，然而事情卻未照著劇本走。

華航董總在機師罷工落幕記者會上，曾感性發言，強調對於員工權益及福利提升公司將一視同仁，罷工結束後約三個月，華航企業工會理事長劉惠宗在工會幹部及會員的要求下，開始與公司主管協商二〇二一年三月發放的機師飛安獎金，應一視同仁，因一架飛機飛得出去，是飛機修復人員、地勤人員及空服員等共同合作，不是只有機師就能做到，並要求公司履行承諾。

同一時間，公司卻討論年初董事會通過所有主管人員加薪，並於六月確定溯及一月發放，這對基層員工及工會而言，簡直不能接受。之後雖然持續談判並獲得董事長謝世謙的支持，但協商持續拖延。華航工會經過五個月後，還是沒有實質進展，只好啓動勞資爭議解決程序，並送件至桃園市政府，一方面持續協商。

十月下旬華航企業工會拜會交通部幕僚，尋求部裡支持及解決方法。幕僚認同工會這次發放飛安獎金（等同每月加薪）應一視同仁的訴求，確實與薪資待遇的公平性有關，在法理上有正當性，因而透過內部管道報告林佳龍及王國材政次，林佳龍立刻指示必須協調處理，然而公司主管人員仍不放棄談條件交換，多數的工會幹部，皆受不了公司的拖延戰術。十二月下旬，劉惠宗理事長感受到企業工會內部壓力，決定再次申請勞資爭議調解，並安排召開華航企業工會臨時代表大會，預備進行罷工投票之提案。

看起來，一場新的罷工風暴，似乎正在快速醞釀中，尤其又接近新年假期，恐怕又是發動罷工的最佳時機。劉理事長十萬火急請求交通部幕僚協助，最後在二〇二〇年一月一日，勞資達成協議，華航同意發放機師以外人員，一年共三萬元之準飛安獎金，並簽署協議書，工會撤回調解，結束這一場外界所不知道的危機。

華航企業工會劉理事長事後透露，當時情況雖然和機師工會的案例不同，可是工會相信林佳龍會公平合理地支持，加上林的幕僚提供很好的意見，不斷給予支持，這也是他可以一直撐下去溝通協商的原因。

華航機師罷工協商大事記與時間序

日期時間	華航（工會／公司）	交通部
2018.12	工會醞釀罷工期程	掌握訊息，預作規劃
2019.01.30	工會準備發動春節罷工	林佳龍上任部長後，成立華航應變小組
2019.02.04 （農曆除夕）	工會以公司詆毀為由，拒絕出席協商	協調勞資協商會議，何董事長未返臺。
02.08 （農曆初四） AM 6:00 開始罷工	工會凌晨宣布自6點起罷工，約320名華航機師繳交檢定證、加入罷工工會提出五大訴求 1. 改善長程疲勞航班 2. 升訓制度透明及保障本國機師工作權 3. 禁止對工會施壓 4. 撤換不適任主管 5. 提高第13個月全薪	林佳龍上午9點召開交通部應變會議，研擬對策與任務分工
02.09 PM 15:00	第一次協商，確認罷工期間僱傭關係 工會原訴求為執勤時間（FDP，含報到和報離等準備工作時間）8小時3人派遣、12小時4人派遣，華航僅同意飛航時間（FT，單純飛行時間）12小時以上4人派遣，雙方協商6小時無共識結束。	林佳龍指示直接發布訊息，華航機師罷工期間之雇傭關係存續 交通部研擬協商策略
02.11 PM 17:00	第二次協商共4小時 「疲勞航班」議題部分達成共識	支持與反對罷工的華航員工，於交通部外分別靜坐與抗議對峙
02.12	機師持續罷工 工會傍晚提出凌晨「疲勞時間」，進行第三次勞資協商	林佳龍同意開放直播，指示交通部準備場地與協商策略
02.13 AM 01:00	凌晨開放媒體旁聽與直播 國內史上首次「紅眼協商直播」，第三次協商共計11小時 華航公司拒絕協商定位為團體協約，僅同意部分高飛時調整	林佳龍持續坐鎮交通部 王國材政次主持協商會議 安排華航謝總經理與工會機師，於休息時間懇談對話，獲得進展

日期時間	華航（工會／公司）	交通部
02.14 AM 10:00 PM 22:25 停止罷工	進行第四次協商 工會稱至少622位機師繳出檢定證，媒體估計近300位已陸續取回檢定證 中午達成四項共識 1. 兩年內研議不直接進用外國籍正駕駛 2. 若有缺額依人力會議結論公平辦理、本國機師優先聘用 3. 升訓會議前公布各機隊缺額，機師得自行查閱個人成績 4. 評比分數相同時，升訓以本國籍機師優先、每次升訓員額不得低於外國籍 下午協商改為不公開，歷經7小時完成所有協商 機師工會宣布，晚間10時25分停止罷工，共計160小時25分鐘	交通部安排勞資再度協商 協助航班調度疏運旅客 晚間由行政院副院長陳其邁、交通部長林佳龍、勞動部長許銘春、桃園市長鄭文燦和華航董事長何煖軒出席記者會。華航勞資雙方簽定團體協約，資方由華航總經理謝世謙代表，勞方由機師工會理事長李信燕代表完成簽署。

可靠的信任與有效溝通，提前布局行動，林佳龍與交通部團隊再度化解危機，而且這次是在問題尚未擴大之前提早解除，緊繃壓力頓時消散。

雖然避免了第三次罷工的發生，但因爲緊接而來的武漢肺炎疫情，快速衝擊全世界，航空產業進入嚴峻的時刻，使得華航又面臨重大考驗。華航工會從前一年與公司對立的型態，轉而願意繼續與資方一起面對難關，包括配合減薪與工作時間調整。林佳龍也多次前往機場，特別向華航基層員工打氣，對於在此非常時期，「勞資一體、善待彼此」的態度及做法，希望給予最大的支持。

長榮空服員大罷工 二度考驗交通部

華航機師罷工事件落幕，無形中卻也帶給航空業另一個勞方團體，也就是桃園市空服員職業工會（簡稱空服員工會）更多的參考空間。交通部在時隔華航罷工結束第四天，就獲得長榮勞資協商不順利的訊息，空服員工會可能循相同模式，即勞資調解不成立後，則召開會員代表大會通過罷工投票。

二〇一九年二月十八日，林佳龍隨即指示王國材政次，成立部內民航勞資關係諮詢小組，透過會議指示成立群組，分享勞資協調最新訊息，檢視空服員工會對長榮、華航，以及華航企業工會對華航等的勞資爭議訴求，準備好繼續面對另一場危機。

三月五日上午，桃園市政府勞動局召開長榮空服第一次勞資爭議調解會，討論航班及日支費（禁搭便車）兩項議題，工會又提出「新增勞工董事」等十二項訴求，會議沒有共識而結束。雙方訂於四月九日上午，再度舉行第二次勞資爭議調解會。爲了預作準備，交通部隨即再成立民航勞資關係訪視小組，積極訪視長榮企業工會、華航企業工會，以及長榮航空、中華航空，深入了解勞資雙方目前的需求及協商困境。

在這期間，長榮企業工會也主動向交通部提出勞資協商的主要訴求，交通部訪視小組則肩負

長榮空服員罷工事件　協調及處理進程

日期	事件與協商處理進展
2019.03.05	長榮空服第一次勞資爭議調解會，12項訴求未有共識。
03.11-12	交通部「民航勞資關係訪視小組」，訪視華航及長榮勞資各方。
04.01	訪視小組將工會訴求供長榮參考，了解應變機制
04.09	長榮第二次調解會，未達共識
04.18	交通部召開民航勞資關係諮詢小組第2次會議，檢視空服員工會對長榮之勞資爭議訴求
04.19	空服員工會召開會員代表大會，決議通過將正式啟動罷工投票，預定5月進行
04.24	長榮航空林寶水董事長公開信表示，不會同意禁搭便車條款，也絕對不會因為各方壓力而妥協，公司仍將與空服員理性溝通
04.25	空服員工會宣布5月13日至6月6日罷工投票 交通部民航局成立應變小組，並請勞動部優先排解勞資爭議
05.10	交通部王國材政次會見勞方，了解立場呼籲勞資再協商
05.16	工會宣布端午節假期不罷工
05.24	勞資重啟罷工投票後第一次協商，長榮只回應工會八大訴求之前四項，且雙方無共識
05.29	罷工投票後第二次協商，長榮針對八項訴求提出對應方案，雙方仍無共識，仍願約下次協商
06.10 / 06.17	勞動部邀集勞資雙方會談
06.20	罷工投票後第三次勞資協商。談判破局，工會宣布下午4點開始罷工
06.22	林佳龍訪問貝里斯，凌晨返抵桃園機場，即刻現場處置應變
07.06	勞資簽署團體協約，工會宣布罷工結束

起「居中協調、指導」的角色，同時請長榮航空就疲勞航班部分，先行與工會溝通，同時探知公司是否掌握工會罷工相關訊息，以及危機預防的應變機制，希望長榮能努力繼續釋出善意。

長榮董座與林佳龍會談　交通部備妥應變

交通部幕僚此時對長榮空服員可能罷工，準備因應方案，並隨情勢發展做滾動修正。林佳龍則對幕僚下達指令，進行問題分類、策略推演：

1. 當事人思考：究竟空服員、空服工會領導幹部及長榮公司等各自可能的思考模式是甚麼？
2. 就這些角色者的行為方式進行分析
3. 研擬談判策略，並滾動設定罷工可能的目標時間點
4. 交通部負責運輸旅客的應變措施，包括調度離島運輸、空軍協助運輸、機場停放容量的調度等。
5. 其他相對應的關係者，以及可能變數。

就在交通部動起來應變之際，林佳龍與長榮航空林寶水董事長進行了一次不公開的會面，兩人懇談交換意見。

林董事長的看法是，空服工會醞釀罷工已有一段時間，公司長期密切觀察，認爲該工會爲外部工會所控制，以罷工挾持旅客爲目的，動機已不單純，且工會相關訴求不合理，公司也準備好各項談判策略及應對措施，避免擴及地勤人員及運輸倉儲人員。

外界研判，長榮航空不太可能讓步，可是並不曉得林董事長向林佳龍透露，長榮已準備好五十億原來打這一場硬仗，希望交通部這次不要介入協調，公司會全權處理應變。

既然長榮資方已經擺出陣勢，林佳龍考量，長榮航空是一家完全的民營上市公司，政

長榮罷工期間，媒體高度關注

府確實不宜毫無條件或太早介入協調，畢竟公司的經營，必須對股東負責，再加上長榮航空的組織文化，對工會的態度較為傳統，尤其是來自外部工會的影響。

林佳龍向長榮公司傳遞明確的態度：交通部站在考慮旅客的立場，還是會適度予以協助，並提醒公司要有正確且足夠的資訊，才能對情勢做最佳判斷，也請公司做最壞的打算，預擬危機應變計畫，降低旅客的不滿與不便。林佳龍從華航事件開始，就相當重視勞工的權益，因此告知林董事長，為了平衡勞資雙方，還是會視情況為勞工發聲。

罷工突襲　交通部擬妥三個應變劇本

六月二十日長榮航空與空服工會召開的勞資協商，在維持不到二小時內就宣告談判破裂，工會有備而來，隨即綁上罷工頭巾，並宣布下午四點起即刻啓動罷工。

但是，好巧不巧，林佳龍前一天出國了！

因為適逢台灣與貝里斯建交三十年紀念，為了鞏固我國與貝里斯的邦誼，促進兩國交通事務的交流合作，林佳龍率團代表我國政府，前往出席相關活動，並簽署兩國觀光合作意向書，以及郵政合作備忘錄。同時也順道安排訪美行程，以促進台美運輸事務合作。對於外交處境相當艱困的台灣現況，部長的出訪，對於台灣的國際關係，是非常重要的。

爲能穩定交通部同仁協處勞資爭議及應變罷工的處理程序，林佳龍早已指示幕僚，研擬出國前、中、後罷工的三個應變措施，因涉及罷工運輸調度及外交運輸事務合作，事關重要。如果在出國前或出國返國後罷工，林佳龍就直接坐鎮交通部處理航空運輸調度；如果在出國期間罷工，部長儘速完結當下重要的拜會簽署行程，即刻返國處理航空運輸調度。

結果，宣布罷工的時間點，林佳龍還在轉機的飛機上！在國內的交通部幕僚只好硬著頭皮傳了訊息，至少等到他能在第一時間看到罷工訊息，至少當他手機一開機，就能掌握進度。其中一位幕僚的簡訊寫著，「部長，沒關係，我們會同步讓你知道訊息的。」也顧不得兩地時差十四小時，部內相關人員都做好二十四小時stand by，隨時遠距遙控的心理準備了。林佳龍並未因時差而有影響，幾乎以台灣時間爲準，保持訊息掌控與必要聯繫。

「幫我找最近一班回程飛機，我回台灣處理。」

林佳龍在得知長榮罷工後的簡訊回應，並與幕僚召開緊急行程會議，同時開臉書直播穩定軍心，先要求政務次長王國材擔任指揮官，召開跨部會應變會議，並決定依原先研擬的應變機制，在貝里斯於最快時間內拜會總理，也在最短時間內請求貝里斯相關部會首長在機場會面，完成最重要行程後，立即返台，而後續出訪行程，則交由時任政務次長的黃玉霖接續完成。

民營航空罷工　交通部角色謹慎平衡

這次長榮空服員罷工的情況，跟華航很不一樣。由於長榮航空為民營企業，因此勞資問題一開始，交通部即釐清角色與處理的原則，交通部負責運輸調度及旅客權益保障，罷工及勞資爭議部分，則應由勞動部本其專業，先行負責處理與協調。

但林佳龍很清楚，長榮空服員罷工受到外部工運團體的支持，勞方有一定的策略及行動方式，但資方的態度絕對會更為強硬，甚至可能不惜賠錢打消耗戰，和工會僵持，萬一勞資協商一再破局，就是一場長期抗戰。面對罷工時間點接近暑假旺季，相關的交通運輸疏通等問題，又是一場重大考驗，難度絕對不小於前次的春節假期華航罷工，交通部仍無可迴避，必須做好解決方案與策略準備，有了前車之鑒，必須儘量降低對旅客的不便。

六月二十二日凌晨五點，林佳龍返抵桃園機場，當場聽取機場的應變情況及待解決的問題簡報，在幕僚協助下，半小時後立刻接受媒體採訪。

罷工期間，交通部總共召開了十五次跨部會應變會議，要求長榮必須要做好人力調度、友航簽轉、服務窗口、資訊更新及查詢等維護旅客權益的工作，並確認滯外旅客因罷工所衍生支出的彌補方案。同時確保國內航線部分，運能不受影響，國際線初期也維持至少四成以上的運能。

不過勞資雙方一直僵持不下，尤其長榮航空果然如林佳龍所預測，態度非常堅定，不僅在罷工尚未開始前，就發布訊息表示，員工若罷工，將暫停罷工者的年終獎金與年度調薪作業。罷工第二天，長榮航空就控告空服工會發起的罷工違法，並附帶請求民事求賠償，以罷工一天損失三千四百萬為基準，計算求償金額。也因此，罷工協商談判到了第七天仍未啓動，交通運輸影響持續擴大。

此外，社會運動出身的林佳龍意識到，台灣的工會普遍沒有罷工經驗，若沒有經過強大的組織力與協商談判能力，時間久了，無論是工會內部的紛擾，還是消費者的容忍度降低，都會模糊訴求焦點，勞方的籌碼反而會越來越少，也會讓資方更不願意退讓。

飛安是最大公約數　航權檢討致使資方轉變

就如同處理華航罷工的經驗，林佳龍還是明確提出同樣目標，以飛安為重作為最上位指導原則，因涉及公共利益及旅客安心；其次穩住機場秩序，儘速處理旅客抱怨；第三則是保護第三者旅客的權益。同時讓空服員工會了解主力訴求的重點仍應緊扣在飛安之上，社會輿論才會支持，也才能給資方改善的壓力。最終，空服員工會乃關注改善疲勞航班與爭取飛安服勤獎金的議題上，順利談判，同時長榮也同意改變人評會的員工代表參與機制，以及核給工會幹部會務公假，並對於民營企業較敏感的勞工董事及禁止搭便車等議題，工會願意以替代性方案解決。

就在長榮罷工時間已經越來越久，資方仍然相當強硬，危機之火可能從民間企業的長榮燒到主管機關的政府身上，交通部研判，策略改變的時間點已到，必須改爲雙管齊下的方式，由交通部出手來敦促資方、勞動部則負責勸說勞方，讓雙方在訴求上各退一步，儘早坐上談判桌。「至少有談就有機會。」林佳龍仍以這樣的原則向媒體表達先前的立場。

直到七月五日，罷工進入第十六天，顯然資方沒有更明顯的改變，也似乎未採納政府的建議。林佳龍在接受媒體採訪時，改採強烈的態度，拋出一道穿透僵局的弧線：「如果航空公司有較高的罷工風險，而且後續處置不妥，未來交通部在檢視該航空公司航權與航線時，都會進行檢討」。另一方面，林佳龍再次以柔中帶剛的公開喊話，媒體也多予引述，「這次的勞資爭議僵局若持續下去，對於長榮的名聲一定會有影響，呼籲勞資雙方，不要傷害無辜的旅客、旅行業者與社會大眾」，以求傾斜的勞資關係再度平衡。

引起高度關注的「檢討航權」政策工具一出手，各界觀察到，長榮航空原本強硬的態度，開始出現轉圜的契機。

交通部開路之後，接下來就由處理勞資事件的主管機關接手登場，七月六日勞動部主持會議，長榮航空勞資雙方終於簽下團體協約：

1. 工會三年內不會罷工。
2. 若工會此次罷工言行合乎法律，公司會予以尊重。
3. 國內航線不能罷工。
4. 飛安服勤獎金短班（含過夜班）一趟來回三百元、越洋航線來回一趟五百元
5. BR198、BR108、BR184東京航線十月至三月（共六個月）開放過夜；BR716北京航線四月、六月、八月開放過夜。
6. 定期勞資互動。某些狀況的人力減派，或減少外站休時，公司願與工會討論。
7. 人評會開放民選教官五名，輪值參與人評會，占一席陪審委員，具發言表決權，以及一名現役空服員陪同當事人。
8. 給予工會理監事每年共二十五天會務假，會員代表大會由公司協助調整班表。

一般媒體及輿論多半好奇，甚至不解，爲什麼華航機師罷工七天就能落幕，長榮空服員罷工卻拖到十七天才結束？

林佳龍認爲，交通部有權利「要求」華航和工會進行協商，但長榮爲純民營企業，負責的地方政府勞動局，也無法強迫長榮資方低頭，使得協商難度大增。若不是因爲航空業屬於特許行業，交通部最終能運用政策工具敦促資方改善，否則長榮空服員的罷工，可能還會拖更久。

處理勞資危機共通點　須深入原因第三方協調

在危機處理的狀態下，必須對於處理的「標的」深入研究了解，才能找出正確的對策，這是二次航空業罷工後所得寶貴的經驗。從交通部過往的訊息累積，並參考輿論的分析研判，長榮航空的企業文化偏向保守，歷來就不贊成工會存在，從這次直接對罷工提告、宣布要招募新的空服員取代，分化地勤與空勤，甚至已取消上千班機，不惜虧損也要和工會「硬幹」種種跡象，便可歸納出資方不太可能輕易改變。

林佳龍在和幕僚的討論中，分享他自己的經驗，勞資調解最好還是要有個公正值得信賴的第三方從中協調，較能從勞資雙方提出的方案中，找出最大公約數，同時給予正確可信的訊息，並且以緩和勞資雙方針鋒相對的氣氛與誤判。絕對不是你輸我贏，讓一方全拿，而是尋求一份勞資雙方都能接受的「折衷方案」，才能讓罷工儘早落幕。林佳龍認爲，處理勞資爭議事件的策略，「最根本的，還是勞資雙方平日就要保持良好的互動關係，不要非要等到罷工這種激烈手段，才肯願意出來面對問題。」

觀光產業因應疫情嚴峻挑戰

善應變與遠策略

台灣的觀光產業近年成長快速，積極朝向「觀光立國」的方向邁進，但在二〇一九年下半年因總統大選將屆，中國刻意限縮觀光客來台，陸客大幅減少，二〇二〇年開春又發生嚴重特殊性傳染肺炎（武漢肺炎，COVID-19）的疫情，兩起接踵而至的衝擊對國內觀光旅遊產業造成相當大的挑戰。

面對瞬息萬變的疫情，林佳龍於交通部長任內「提前部署」，推動支撐觀光產業度過難關的振興策略。兩年後，民進黨中執會正式徵召林佳龍參選新北市長、陳時中參選台北市長，黨主席蔡英文便提到林佳龍在這段期間的防疫貢獻：「蔡英文表示，面對後疫情時代，需要提出新的治理團隊，因應挑戰。今天提出最強的雙箭頭，不只要爭取市民支持，也要帶動整個台灣前進的動能；陳時中和林佳龍曾經合作，把疫情阻絕在境外，未來一定可以強強聯手，整合雙北、基隆、桃園的力量，讓北台灣首都圈一起建設，一起進步，爲整體發展開創下一個新局。」（引自中央社報導，記者溫貴香、葉素萍，臺北，二〇二二年七月十三日）

陸客縮減衝擊觀光　洞察先機擬妥對策

「交通部觀光局稍早通報我，今（二〇一九）年八月一日起，中國將暫停核發四十七個自由行城市個人旅遊簽證。很明顯的，這是中國企圖透過管制來台自由行旅客，脅持觀光產業，進而影響台灣選舉……」交通部長林佳龍在臉書上這樣寫著。

「不過，我們早就料到會有這招了！」林佳龍部長拿出厚厚一疊資料，再次確認計畫的推展策略，並和來訪的記者說道。

林佳龍口中的早有料到，其實是與他的手上「未來行事曆」所記載資料有關。未來行事曆是他在二〇一九年一月上任後的一個策略工具，透過與幕僚詳細規劃討論，預判未來可能發生的情勢，事前擬定因應計畫的一份記事帳本。如果攤開未來行事曆，中間是一條長長的時間軸線，軸線的上方，紀錄著一整年各月份的國家與國際重要大事，下方則是交通部內各政策與因應時間點，把可預見來臨事件，逐一管理。

顯然，陸客縮減的衝擊，從部長的角度而言，並非突如其來的變化，而是有跡可循與充分事前掌握情資，林佳龍根據他所獲得的訊息，提前擬妥應對策略，將預判可能發生之事，早早安排在這張行事曆的收納之中。

有效應對陸客限縮危機：掌握情資、提前佈局

由於交通部有相當龐大的交通運輸業務需要管理，包括每逢連假及寒暑假的旅遊旺季，相關的鐵路、公路、航空等交通運輸，事先就要規劃加開大眾運輸班次，以及各項用路配套措施。至於每逢遇到選舉，負責國內接待的旅行業界也知道，大選前幾個月，來台灣的陸客人數必定大幅減少。

在林佳龍的觀念中，這些事件都是可預期的，所以必須先把發生時間點與所需期間，明確標出來，各部門就能事先擬定因應對策，他也會對幕僚提示，「預先作好沙盤推演，對於可能會發生的危機狀況，就能從容的處理。」

由於總統大選的政治因素，即使觀光旅遊業界原本就預期在二〇一九年底最後一季，陸客來台人數才會明顯減少，沒想到中國突然在七月底就提前宣佈限縮政策，自八月起暫停核發四十七個自由行城市個人旅遊簽證，原本以爲會對台灣的觀光產業造成嚴重衝擊，但交通部並未因此慌張，相關單位也不見手忙腳亂，而是把原本就事前擬定的配套計畫，順勢推出，派上用場。

交通部事前已經規劃國旅補助方案，希望用政策刺激國人出遊，協助觀光業，因此九月上路的有感秋冬旅遊補助甫推出，瞬間成爲媒體輿論報導焦點，更吸引民眾口耳相傳，在網路上頻頻

轉貼。面對預料中、卻提早出現的危機，打破預定規畫，採取迅速回應，成爲解決這道難題的必要策略。交通部國旅補助方案透過短期密集訊息散播，化解觀光業對陸客縮限疑慮，也引起國人對出遊議題的熱潮。

無論是平日使用參與補助方案的旅宿，每房每晚一千元的住宿補助，或者報名參加合法旅行社團體旅遊，每人每日補助五百元，這些補助金額不算大，卻帶來很實際的旅遊動機及效果。不過雖然累積了幾波的國旅補助，但這僅是政策的局部，觀光產業還需要更多激勵方案。

刺激國旅多管齊下　百億信貸當業者後盾

交通部規劃方案時，考慮到國旅已有多波推行，觀光局必須擴大做法，讓民眾在入住參與補助活動的住宿時，還可以領取夜市券、十二歲以下孩童前往觀光遊樂園免費遊玩一次的優惠、以及冬季受喜愛的溫泉湯屋折扣優惠等等更爲細項措施，讓國旅的適用層面更多元且實用。

多管齊下的策略，果然反應熱烈，住宿及夜市券補助期限，從原本到二〇一九年十二月三十一日，延長到二〇二〇年一月三十一日止，而溫泉券的使用，更延長到二〇二〇年二月二十九日。以屏東縣爲例，縣府已經繼續申請第三波補助，以迎接跨年及寒假過年的旅遊人潮，民宿業績成長二至三成，有些熱門飯店業績甚至成長一倍。

應對方案的規劃層面，必須要更爲綿密且能發揮綜效，因此策略上從民眾個人的「有感」，擴大到觀光相關業界的「有用」。

包括自二〇一九年十月一日起，交通部對約有一六三五七輛遊覽車，實施一年免徵汽車燃料費的優惠措施，預估每輛車一年可少繳三萬元左右。對於沒有團客可接的華語導遊，也提出獎助人才培訓計畫，鼓勵利用淡季報考外語導遊，擴大服務市場。這些輔助性措施，其實對於受陸客限縮影響的業者及從業人員而言，等於是另一種形式的實質幫助，或者趁此時機累積競爭力，而非僅從消費市場來拉抬觀光產業，對整體業界來說是相當眞切的感受。

林佳龍認爲，交通部在處理觀光產業議題，不能僅從宣傳或促銷的面向去關注，而必須思考業者的生存及產業興利的策略。

林佳龍發現，過去財政部、金管會，甚至銀行業等，對旅宿業貸款標準較爲嚴格，如今觀光業面對嚴峻環境條件，所以邀來金管會、財政部、經濟部等單位會商。經過溝通，以及各部會首長的力挺，確定由中小企業信用保證基金，作爲辦理旅宿業貸款的信保，總貸款額度達一百億元，至二〇二一年底前，並由交通部觀光局提供五億元信用保證專款，供信用保證業務運用。

有了這些資源活水引入觀光產業，作爲旅宿業者的後盾，不僅能幫助較爲中小型的業者度過陸客限縮衝擊影響，並趁著得以緩衝的短期階段，幫自己的旅宿空間修繕或者規劃，讓服務內容升級、更能正向吸引旅遊消費者前來。

扭轉市場改變觀光客結構　來台人數不減反增

雞蛋不能放在同個籃子裡，才能分散風險。國內的觀光產業過去高度依賴中國來台觀光客，雖然帶來相當可觀的收入，但隨著政治情勢變化，或者純粹失去熱度，這樣的榮景隨時都可能消逝，從政策管理的角度而言，其實早就應該未雨綢繆。

事實上，中國旅客佔所有國際觀光客比例，已經由二〇一五年接近40％，減少到二〇一八年的25％，人數從四一八．四萬減少到二六九．六萬，因此，將觀光重心移轉到加強日韓、港澳、東協、歐美與其他國家的宣傳，是近幾年來觀光局的政策方向。因應陸客減少，交通部提供包機獎助，半年內桃園、松山以外的機場降落費免收；同時還邀請國外知名網紅、YouTuber來台體驗宣傳，增加台灣能見度，並提高其他國際觀光客來台的意願，都是有別於以往的創新做法。

二〇一九年下半年陸客減縮雖是事實，不過從事實數據來看，國際觀光客造訪台灣的總人次卻是逐年攀升，從二〇一八年的一一〇六萬，到二〇一九年十二月中就已經突破一一一一萬人。其中日本旅客突破兩百萬人，韓國、泰國、菲律賓及新加坡旅客人數也成長一至三成，出現來台觀光客層結構的顯著變化，陸客、日韓、東南亞、歐美及其他國家各佔四分之一的比例，是相當平衡且正常化的發展。

如果談到觀光產業話題，從網友的意見就看得出，來台旅客類型的轉變，像是「走在西門町，怎麼只有自己在講華語啊？」、「無論走到哪裡，捷運、公車、甚至藥妝店便利商店，到處都聽到有人在講韓文！」、「台南高雄也是，什麼國家的遊客都有！」、「原本覺得冷門的景點，今年也突然多了好多觀光客！」

相較於以前陸客多以團體方式旅遊，大量且密集進佔每個觀光景點，在陸客限縮，來台驟減之後，不難發現其他國家觀光客來台，以自由行居多，他們自由進出大城小鎮，體驗在地生活，觀光客消費力更加深入各行各業，從高檔飯店到民宿、從米其林餐廳到路邊小吃、從精品百貨到便利商店、從計程車到捷運公車，一般民眾有更多機會接觸到觀光客，更多商家能夠感受到觀光客帶來的收益。

從解決問題靠策略引導、改變困境的管理模式而言，陸客限縮影響觀光業的危機，原本應該是交通部在二〇一九年相當大的挑戰，但在能預判問題的基礎上，做足準備，推出各種有效因應策略，加上多種配套措施，對旅客、對業者都有吸引力及實質幫助的情況下，將一個可能帶給產業衝擊的重大挑戰，化爲轉型契機，逐步調整觀光產業結構，或許是陸客不來，意外帶來的效益。

治標更需治本　觀光三箭蓄勢待發

林佳龍認爲作爲一個決策者，除了對短期問題及時提出因應措施，讓人民有感，更需要將眼光放遠，訂定長期規劃，才能帶領台灣觀光走向更健康的發展方向。因此他特別籌畫觀光局升格，希望在未來行政院組織改造的時候，能讓觀光升級，發揮火車頭效應。就觀光產業發展而言，林佳龍強調不只要改變現有問題，更必須把眼光放遠，因此二〇一九年底召開的全國觀光發展會議，結論要設法落實，積極制定台灣觀光政策十年發展綱領（Taiwan Tourism 2030），作爲下個階段發展的策略，相當重要。

從陸客限縮來台的事件可以發現，這將不是短期市場現象，而可能是刻意操縱、甚至成爲中長期趨勢，交通部立場也就必須轉爲積極協助旅遊業者升級、轉型、開拓新客源。從治標更需治本的角度而言，爲協助旅行業服務能量的深化及多元，林佳龍指示推出「促進旅行業發展方案」，從四個面向開展：

策略重點	方案內容
一、提升旅遊業者服務品質	* 辦理旅行業品牌化專業輔導 * 鼓勵開發創新特色旅遊產品
二、產業升級與服務轉型	* 協助業者健全經營體質 * 提升業者數位化經營能力
三、市場開拓行銷	* 參加具發展潛力市場的當地國際旅展、兩岸旅展 * 配合鐵道觀光、運動觀光、穆斯林市場政策，辦理國際旅遊行銷及推廣活動
四、旅遊安全提升及旅客權益保障	* 協助處理國內外旅行團重大緊急事件 * 辦理旅行業、導遊、領隊、隨團服務人員及公協會處理旅遊緊急事故教育訓練、研習活動

陸客來台的問題，林佳龍的判斷認爲，某種程度上並非操之在我們，期盼也歡迎陸客來，希望選舉過後能結束限縮，但這也只能是一種呼籲，如果對岸有善意回應，交通部擴大國旅的做法就會再改變，畢竟擴大國旅是政策重要目標，但不一定要用補助的方式。

林佳龍之所以對外表達歡迎陸客來訪，一部分原因也是在回應對岸的「試探」，就林佳龍所掌握的情資，總統大選過後，北京方面曾批准兩個省份的旅遊團造訪高雄，不僅有點統戰意味，也意圖對新當選連任的蔡總統施壓，但政府並未妥協，使得陸客限縮政策，北京一時之間沒有新的調整，並未重新全面開放陸客團來台。

於是，二〇一九年下半年逐漸在台灣消失的陸客團，就這樣又靜悄悄的停滯著，甚至到農曆春節前，都沒有出現變化，前兩年（二〇一八、二〇一九）平均一天有一萬名陸客來台灣過農曆年的盛況，在二〇二〇年的寒假春節，各地觀光景點、夜市，也就沒有出現到處都是陸客團的景況。

武漢肺炎來襲　決戰邊境守護國門

二〇二〇年一月十一日，台灣經歷總統人選，選戰熱烈氣氛到達頂點之後，社會逐漸沉澱下來，準備迎接農曆春節，但一些在中國發生不尋常流行病的訊息，在選後的一個星期內，開始在各媒體小量出現。當大眾都還把這些事情當新聞看的時候，林佳龍部長已經意識到必須提高警覺。果然不出幾天，武漢肺炎如黑天鵝效應般，無聲地從中國向外蔓延開來，在初期資訊不透明的情況下，對於一海之隔的台灣，形成莫大挑戰，立刻讓人聯想到，當年SARS的情境是否即將再次浮現。

交通部雖不是防疫指揮主責單位，但相關運輸業務都形同防疫最前線，息息相關。林佳龍早在一月十九號就下達指示：「操之在己的部分應該要做好管控」，因此要求機場、港埠單位立即全面提升簡易警戒，並配合衛福部疾管署的防疫規劃，開始落實邊境檢疫工作、包括必要的登機檢疫。交通部隨即在二十二日召開應變會議並成立專案應變小組，並啓動未來行事曆、評估可能衝擊、準備應變方案，以及落實各局處的分工作業，整個交通部瞬間動起來，做好各種因應準備。

一月二十二日，當許多人都沉浸在即將過農曆年的濃厚節慶氣氛中，卻是武漢肺炎擴散相當關鍵的一天，也讓台灣在這波全球疫情當中，最早響起防疫作戰的號角聲。

林佳龍深知防疫作爲必須重視下決策的「時間點」，所以在政府決策會議中，力排眾議、極力主張飛往武漢的航班必須即刻停飛，並將隔天就要抵達台灣的兩個武漢旅行團緊急喊停，針對後續十團共一七八名陸客，亦透過管道協調取消來台。另一方面，他也要求相關單位將仍然在台的陸客團，於一月三十一日前盡速送返。這些決定雖然不在衛福部及防疫指揮中心的最初構想之中，但林佳龍認爲，身爲政府團隊的一部分，就有責任且有必要將交通部負擔防疫責任的工作做好，才能爭取台灣對抗疫情蔓延的有利時間。

算是某種巧合般的，延續二〇一九年對岸禁止陸客團來台旅遊，在春節期間並未全面開放，台灣少了必須估算及承擔大量陸客入境的壓力，因此交通部也快速清點因應措施，協助疫情指揮中心掌握在境內的陸客人數及行蹤動態，減少疫情威脅的可能。

就在下達指令不到二十四小時，武漢在一月二十三日小年夜宣布封城，消息傳開，立即引發一片譁然，交通部停止湖北疫區和台灣的飛航往來，成了全世界第一個對中國實施局部停航的決策，不出多時，歐美與亞洲多國陸續跟進，停止飛往中國武漢等疫情較嚴重城市。

不過，武漢封城也帶出了另一個難題：滯留當地的台灣人該如何安全回家。民航局配合陸委會的研判，一度考慮運用華航

武漢包機返抵桃園機場

往返包括武漢、長沙與南昌的定期航班，作爲輸運台商國人返台路線，並在專機上配有防疫人員隨行，可惜腹案卻出現轉折，第一班武漢台商撤離航班，演變成爲一場角力戰，隱含了兩岸政治及政黨因素在其中。

防範武漢肺炎擴散，考驗著政府及民間企業的應變能力，現有政府官員當中，不乏有許多人經歷過SARS風暴，但林佳龍認爲SARS時候的狀況，跟這次武漢肺炎不完全一樣，「過去的經驗也可能會限制我們的處理方式」，因此在召開部內應變會議時，除了和主管及幕僚分享二〇〇三年處理「嚴重急性呼吸道症候群（SARS）」的防疫作戰經驗，也特別提醒，不要陷入過去的經驗迷思。

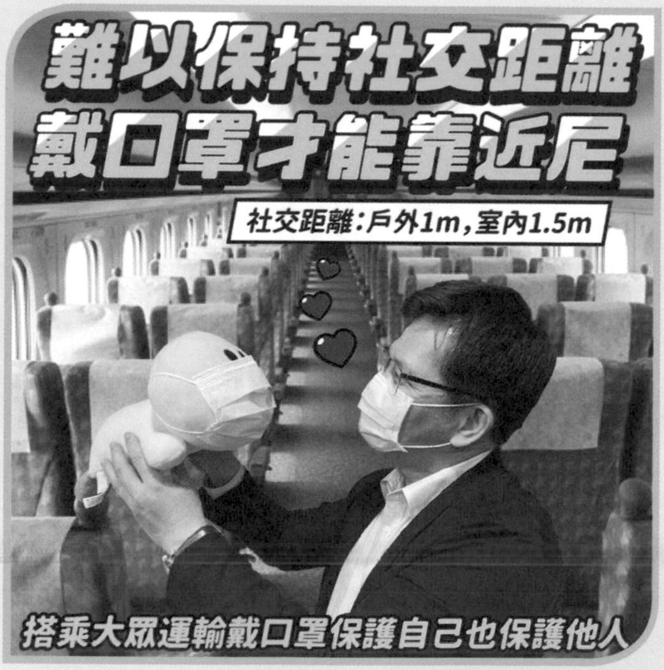
難以保持社交距離
戴口罩才能靠近尼
社交距離：戶外1m，室內1.5m
搭乘大眾運輸戴口罩保護自己也保護他人

林佳龍陪同蔡總統視察桃園機場防疫措施

SARS疫情當年，林佳龍擔任行政院發言人，而當時行政院院長則是目前的立法院長游錫堃。從行政院的職責及高度，扛起各種防疫應變處理，過去的深刻體驗，讓林佳龍在相隔十七年後，面對武漢肺炎來襲，除了戒慎，多了一份沉穩。

林佳龍記得當時處理疫情除了各項危機應變，更是面對社會人心考驗的一課，因此考量防疫工作必須搶先部署，無論是航班輪運及邊境防疫，包括處理遊輪能否靠岸問題等，都要明確果斷，才能讓外界的擔憂焦慮，因爲有足夠資訊而安心。同時，也要處理疫情期間需要藉由航空班機往返的旅客，需塡寫交通部協助策畫的「旅客健康聲明卡」，讓國人及各國旅客，做好入境台灣之後的健康管理，幫忙守護國門安全。

防疫也防經濟海嘯　紓困振興同步開展

然而，疫情在全球擴散的速度，超過當初大眾的想像，從香港、日本及韓國陸續增加確診感染人數，乃至於延伸至歐洲義大利、中東的伊朗等地，不僅對航空運輸及旅遊業造成強烈衝擊，也對全球經濟及各類產業市場增加許多變數，對國內才遭受陸客縮減影響的旅遊觀光，更是又一波嚴峻挑戰。

林佳龍很快速的在農曆春節期間，開始與幕僚籌畫中長期的因應對策，即是「運輸維持、業界紓困、產業振興」三個面向，準備透過計畫及預算幫助產業度過挑戰。透過與府、院回報及溝通，以及掌握新一屆立法院開議後的動向，林佳龍指示交通部所屬單位全面擬妥紓困振興方案，與公協會單位接洽，建立管控機制。

立法院在二月二十五日三讀通過《嚴重特殊傳染性肺炎防治及紓困振興特別條例》，編列六百億預算針對相關產業進行補助，各部會開始規劃相關辦法與對策，但紓困方案補助給誰？怎麼給？給多少？紓困「菜單」其實很不容易處理，交通部各單位在規劃、核算，經常是幕僚作業加班到深夜，但林佳龍請部內同仁，要讓民眾「有感」，要苦民所苦，急民所急，盡可能把條件合理也放寬，讓必須顧及的業者、交通觀光相關的產業勞工朋友，獲得即時補助、補貼，另一方面藉此機會轉型、培訓及升級，迎接疫情舒緩後的契機。

四月二日，行政院再推出紓困2.0方案，共計一兆五百億元，交通部可動用經費從一九六．六七億，再加碼二七五．七五億元，總經費紓困1.0與2.0方案，增加至四七二．四二億元。對於觀光產業紓困2.0方案共有五大項目，當中有三項是擴大1.0方案補助金費，包含觀光產業人才培訓、旅行業停止出入團補助、觀光產業融資貸款及利息補貼。新增二項目則是觀光產業（旅館業、民宿業、旅行業、觀光旅遊業）員工薪資補貼，業者業績衰退五成以上，未採用「減班休息」且員工減薪未達20％者可申請，補助金額以員工薪資計算，補助其每月原薪資40％（交通部及勞動部各分擔50％），上限每月二萬元，讓對「人」的補助能更明確。

林佳龍在紓困案規劃過程中，主張要對「業者」、「產業勞工」這兩大類型的補助

③ 紓困入境旅行社
④ 獎助觀光業人才培訓
⑤ 協助融資周轉貸款及利息補貼
⑥ 補貼觀光旅館及旅館必要營運負擔

對象要有確切的補助方式及目標，希望業者能繼續共度難關，更不希望因爲疫情造成衝擊，連帶使得勞工失業，在多次分批接見運輸業、旅館業、航空業等類別的公協會、企業負責人的時候，都強調要讓員工安定，不要輕易裁員，在這個階段做好準備、轉型，等待復甦的時機來臨，希望讓補助不只是給錢，而是要讓受影響的民眾，無論在生活、技能都保有動能。

此外，針對比較特殊的航空業，除了有專款的五百億元紓困方案，以及各類型的補貼、緩繳租金費用等方式，林佳龍注意到了受影響最嚴重的航空業者，需要的資金額度非常龐大，但在個別與銀行申請貸款過程，可能面臨困難，於是出面協調台銀等公庫，希望用更簡便而有效率的聯貸方式，透過專業審查小組的把關，盡

速讓航空業者能取得周轉資金應急。

而航空運輸業包括機師、空服員及地勤等相關產業員工，雖然是一般認爲相對所得較高，但其實在客運航班幾乎都停擺的情況下，也有收入上的困境，林佳龍也希望在先補助基層員工之後，交通部也能考量對航空業勞工，給予一定的補助。這樣的政策方向，讓部分民航業者大感意外，某位民航公司高層甚至向林部長說，「從來沒有想過交通部會考慮到補助我們的員工，非常感謝！」林佳龍則希望民航業界，能在防疫期間，勞資之間要能多溝通，多彼此體諒，也藉此機會調整民航業者本身的營運體質，提升各項訓練及備妥疫情過後更好的服務。

交通部紓困方案與階段概要

紓困階段	金額	細項
紓困1.0方案	196.7 億元	
紓困2.0方案（4月2日）	275.75 億元	觀光產業紓困 103.77 億元
		陸運產業 37.30 億元
		空運產業 81 億元
		海運產業 31.68 億元
		防治方案 10 億元
		振興方案 12 億元

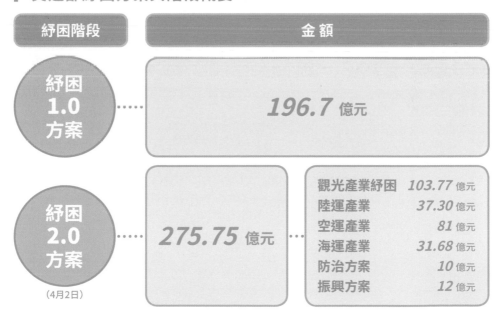

交通部紓困2.0新增方案內容摘要

紓困業別	方案重點
觀光產業	* 觀光產業人才培訓、旅行業停止出入團補助、觀光產業融資貸款及利息補貼 * 新增觀光產業（旅館業、民宿業、旅行業、觀光旅遊業）員工薪資補貼，業者業績衰退5成以上，未採用「減班休息」且員工減薪未達20%者可申請，補助金額以員工薪資計算，補助其每月原薪資40%（交通部及勞動部各分擔50%），上限每月2萬元 * 觀光遊樂業團體訂單取消補貼補助
陸運紓困方案	* 新增補貼降低台鐵車站相關承租業者租金及權利金 * 行駛機場線國道客運業者，給予每輛一次性3萬元補助 * 運輸從業人員薪資補貼，計程車駕駛人（約10萬1600人）、遊覽車駕駛人（約1萬8300人），每人每月1萬元、補貼3個月
空運紓困方案	* 航空業、機場業者費用補貼方案加碼補助 * 提撥專款作為貸款信用保證共45億元 * 航空相關業者貸款利息補貼共5.3億元 * 補貼民航業50%停留費 * 補貼民航訓練機構降落費 * 向機場租用土地房屋使用費、補貼航空維修業者的各項裝備及零組件維修廠 * 向機場租用土地房屋的使用費
海運業	* 新增補助包含提撥專款作為貸款信用保證 * 補貼業者貸款利息、港區土地租金補貼等
防治方案	* 補助辦理防疫旅館，與地方共同合作，由觀光局獎助各直轄市、縣市政府 * 鼓勵所轄合法旅館業者加入防疫旅館行列，提供須居家檢疫者入住，降低社區感染風險，每房每日補助1000元，目標4000房。
振興方案	* 針對參團出國（1月21日至3月21日間），因疫情取消行程的旅客，提供500元觀光抵用券，可用於旅行業、旅宿業、觀光遊樂業。推估約有239萬人次為參團旅遊，預計於9月至12月提供申請，每月3億元。

交通部依據「嚴重特殊傳染病肺炎防治及紓困振興特別條例」紓困經費編列簡要表

（累計至2020年4月16日止）

方案	1.0 經費	2.0 經費	1.0＋2.0 經費
一、防治及紓困	142.17 億元	242.99 億元	385.16 億元
（一）觀光產業	44.00 億元	95.89 億元	139.89 億元
（二）陸運產業	44.61 億元	37.22 億元	81.82 億元
（三）海運產業	4.93 億元	30.93 億元	35.86 億元
（四）空運產業	48.63 億元	78.95 億元	127.58 億元
二、振興	54.50 億元	12.00 億元	66.50 億元
合計	196.67 億元	254.99 億元	451.66 億元

交通部紓困、復甦及振興方案 1.0 計196.67億元
（特別預算167.67億元＋觀光發展基金29億元）
紓困、復甦及振興方案 2.0 計254.99億元
（納編追加預算131.29億元＋本部基金自籌123.7億元）

（資料來源：交通部）

引領5G產業新未來

突破政策三不管地帶

5G產業跨領域　政策亟待釐清路線

未來5G的生活，會是什麼樣子呢？

農夫不必頂著毒辣的大太陽，辛苦地幫農作物澆水施肥灑農藥，只要透過螢幕設定，無人機就會照顧好好地；偏鄉醫院遇到少見棘手的手術，透過同步連線人工手臂與儀器，有經驗的大醫院醫師，就能遠端一對一示範教學，及時救援；還有智慧無人巴士、世界級運動賽事、巨星演唱會8K同步零秒差轉播、救災無人機運送物資、產業界各種「大人物」（註：指的是Big Data「大」數據、AI「人」工智慧、IoT「物」聯網）的發明與應用……等等，因為5G網路具有「高速度」、「低延遲」、「大連結」的特性，更多超乎想像的生活模式與便利，都能透過5G實現。

5G再也不是話題或者想像，已經是各國認真思考成為政策，甚至逐步落實的真實服務。台灣在5G政策與應用、製造等層面，雖與美、中、日、韓等國，同被歐盟研究報告列爲領先國家（Leading Countries），但相關政策方向與產業關聯、商業模式之間才剛起步，在二〇二〇年進入商轉的關鍵年。

林佳龍二〇一九年初就任交通部長時，適逢全球5G初步萌芽時期，民眾對於我國5G政策規劃，多所期待，但對政府相關配套規劃、後續行政作爲、相關利害關係人，甚至政府政策是什麼？都還沒有清晰的輪廓，輿論報導甚至質疑政府欠缺一個清晰的願景藍圖，只能說「有時程，沒內容」。

面對這可說是台灣繼半導體產業之後，下一個重要的發展機會，各界普遍認爲，政府的角色，不該只是被動釋出頻寬及頻率，讓大家來搶而已。只是電信業者在政商都有一定的影響力，也志在必得，政府想要規劃管理5G頻譜政策，已非過去僅以通訊監理規管爲出發點，而必須重視產業發展及整合運用。

不過，全世界蔚爲風潮的5G政策，都已經過了相當一段時

間，在台灣卻似乎陷入「政策誰來管？」的三不管窘境。儘管昔日交通部轄下的「電信總局」諸多政策及業務，早已因組織調整，將主管業務劃歸給NCC（國家通訊傳播委員會），但林佳龍認爲，從頻譜整理與政策協調的立場看來，交通部沒有置身事外的理由。

5G頻譜引業者競逐卡位　政策須明確

5G從頻譜釋出作爲政策開端，諸多面向挑戰重重，包括如何思考實驗用與商業用的優先順序、實際頻譜的規劃與清理、垂直專網頻譜是否釋出、資通安全的管理等，相關議題要在二〇一九年期間逐漸釐清，更面臨到政府決策者，須顧及「以產業概念，綜觀全局」的必要。

而5G頻譜的競標，引來國內電信業者摩拳擦掌，有的勢在必得，有的仔細盤算，投以龐大標金的卡位戰，相當激烈。第一階段爲「數量競標」，歷經二十七天，終於在二〇二〇年一月十六日的第二六一回合落幕，合計暫時總標金爲一三八〇・八一億元，其中3.5GHz總標金爲一三六四・三三億元，28GHz總標金爲十六・四八億元，1800MHz則無業者提出競標。台灣五家業者都有標到5G頻譜，再接續進入第二階段的「頻位競標」。二月二十一日第二階段位置競價程序結束，再添四十一・一億元，兩階段合計總標金再創新高，達到一四二一・九一億元。

雖然外界都在關注電信業者的標金與動態，但林佳龍則從公共政策的角度認爲，要先搞清楚政策的方向與目標，應該往哪裡走，而不是只看到國庫收了多少標金。在設計政策時，應該要以國家的整體公共性與公平性爲前提，從民眾心理、行爲誘因等，來考量實施的可行性，並以簡政便民作法爲原則，才會比較容易釐清問題本質，理出頭緒，定位出好的政策。

因此，在林佳龍的內心裡判斷，首要解決的，就是先明確規劃整體5G頻譜政策。

「電信網路頻譜就像是無形的國土。過去因爲缺乏整體規劃，業者要求一些，政府就像擠牙膏一樣，擠幾個頻段出來賣，4G頻段的標售就是如此。因爲電信公司看不見釋出頻譜的總量，用天價標下，再把成本轉嫁到消費者的電信資費上，上網費用才會這麼貴。」林佳龍用比較容易理解的方式，和幕僚交換意見，談到這個觀點。

在林佳龍的認知中，希望利用這次整體規劃5G頻譜的機會，除了商用頻道之外，也同時爲警消救災、交通運輸、軍事國防和公共服務，保留政府需要的公用專網，就像一座城市的都市規劃一樣，哪些地區適合發展商業，哪些區塊留給住宅區使用，哪裡要保留給學校醫院一樣，做好規劃，才能將每個頻段，做最大化的利用。

協調規劃5G頻譜政策　分階段釋照

既然決定要推動，林佳龍在上任後，就請部內同仁開始行動，其中，爲推動5G第一波商用頻譜的開放，交通部依照行政流程，呈報行政院，而在二〇一九年七月二日核定公告開放。開放頻段包括目前全球5G商用主流頻段3.5GHz（3.3-3.57GHz）、28GHz（27-29.5GHz），釋出總頻寬達2790MHz。接下來，研議5G專網頻譜及後續階段頻譜配套政策，也成了政府後續溝通進行的施政重點。

在歷經多次的溝通協調會議後，政府已經將5G第二波商用頻譜，定調爲第一波的延續，持續將台灣營造成爲適合各式各樣5G應用服務之優質環境，預計釋照時間爲第一波釋照三年後。

林佳龍進一步請交通部同仁著手協調相關單位，研議可開放頻段，初步規劃於4.4-5.0GHz頻段，開放200MHz之頻寬，後續再辦理分階段移頻至其他高頻段，以及內部頻譜的自行調整使用。至於國際間方興未艾的毫米波頻段，將優先規劃開放37-40GHz頻段，開放範圍則視頻段競標情形而定。

如此，看似大方向已經相當明確了，不過另一道橫在面前的難題，還是回到政府組織分工，如何再做協調，達成有效程序及方法。

5G智慧運用研討

林佳龍體驗智慧生活

由於企業確實有專網的需求，若能將現有頻段做整理，使得企業使用專網頻譜，或可避免搶用一般商用頻段，影響消費者網路使用品質。不過，垂直專網頻譜該如何規劃與釋出，這一點不僅業者各有其堅持立場，也是經濟部與NCC基於部會任務屬性差異，還未能達成協調、理出共識。

由於5G專網頻譜，將會是台灣產業轉型的一個可能契機，所以政府應該思考的是，如何利用政策，誘導其實現。此外，5G專網頻譜政策，涉及到國內電信業、製造業及垂直應用業者，林佳龍非常重視，也親自與電信業者溝通，更向行政院表達支持改採4.8-4.9GHz之競爭度較低的頻譜。他並且提出多個概念，包括如果標金超出預估的四百億元之後，是否考慮該如何回饋電信服務業、讓專網頻譜應先實驗合格後再取得、以及未來主管機關的管理模式等等具體建議。

從公共管理與產業興利的角度而言，在全世界各國，5G政策都是最新且最需要應對的趨勢，部分國家都已經悄悄走在前面，但台灣花了一些時間摸索，政府若未能快速因應，擬定策略及執行，就會在治理層面與效能，落後於國際趨勢，不僅喪失競爭力，更可能帶來政府管理危機。

林佳龍接手交通部之後，明確認知，在自己的任期內，沒有迴避5G的必要，也不能拖延、等待，因此透過創新治理的構想及協調策略，主動針對5G政策此一重大政策，打破原先可能政府間難以整合的鴻溝，既要讓電信商投資合乎效益，又要兼顧使用者權益，以及找出業者之間共同建置合作的模式，達成5G的商業與公共性均衡。

5G發展在台灣一度差點形成「三不管」，業界擔心商業模式不確定，政府政策不明，關鍵頻譜未定案。面對公共政策的急迫與重要性，林佳龍選擇透過積極介入協調，善用交通部郵電司的角色翻轉，引導頻譜整理，推動釋照時機，注入產業概念，讓5G政策活絡起來。未來，包括遠距醫療、自動駕駛、AR／VR、IoT等產業及商業服務、公用事業等，甚至與北、中、南區域工業區的結合使用，都將在5G環境下，讓台灣開啟經濟發展新的一頁。

NCC辦理5G競價結果（單位：新台幣億元）

頻段位置區塊及頻寬	通訊業者	位置報價	數量報價	總價金
F1~F4　4區塊/40MHz (3300MHz~3340MHz)	臺灣之星	0	197.08	197.08
F5~F12　8區塊/80MHz (3340MHz~3420MHz) G16~G19　4區塊/400MHz (28500MHz~28900MHz)	遠傳電信	20.3 0	406.0 4.12	430.42
F13~F21　9區塊/90MHz (3420MHz~3510MHz) G10~G15　6區塊/600MHz (27900MHz~28500MHz)	中華電信	20.8 0	456.75 6.18	483.73
F22~F27　6區塊/60MHz (3510MHz~3570MHz) G24~G25　2區塊/200MHz (29300MHz~29500MHz)	臺灣大哥大	0 0	304.5 2.06	306.56
G20~G23　4區塊/400MHz (28900MHz~29300MHz)	亞太電信	0	4.12	4.12

未來5G政策三大觀察方向

* 專網將延後至第二波5G商用頻譜釋照後，大約2023年後進行。

* 專網將採審議制，取得成本與商用頻譜相當，以避免企業、電信兩邊取得頻譜資源不公平競爭。

* 開放企業可與電信業者共同合作申請專網，但申請人須以專網所有權人或使用人為申請主體。

PART III

我們尋找光點，彼此聚合／終將照亮黑暗，向光而行

——李珮宇

林佳龍卸下交通部長之後，外界十分關心他是否另謀他職，林佳龍則選擇了暫離政治圈，回到光合教育金會，走入群眾，以不同的角度和視野持續關懷腳下這四方土地，並策劃了一系列的「光合之行」，計畫拜訪全台灣各個以行動投入公益付出的夥伴，主題是「攏係好朋友，台灣作夥行」。

許多人不知道，「光合基金會」緣起於二〇一八年的九合一大選。當時林佳龍爭取連任台中市市長失利，深自檢討之餘，他默默將一二三九萬選舉補助款全數挹注於「未來台灣」遞光計畫，希望取之於民、用之於民。遞光計畫不僅僅是資助夢想，更是期許結合志同道合的朋友，共同成為台灣社會光明正向的力量。二〇一九年五月十八日，「財團法人台中市光合教育基金會」正式成立，由前中國醫藥大學李文華校長擔任董事長，創立宗旨是希望能夠透過資源、經驗的共享再加上人際網絡力量的傳遞，邀請各界致力讓台灣未來更好的人們，發揮團結的力量，「讓你我成為彼此的光」。即便二〇一九年林佳龍就任交通部長後，心中對於設立光合基金會的初衷也未曾或忘。

二〇二一年，林佳龍的「光合之行」從台中出發，接著陸續擴散至全台各地，力求關懷偏鄉、支持長照、重建農業、地方創生、鼓勵青年創業、傳統產業轉型、教育、文化與觀光並行，與不同領域的達人相互砥礪。林佳龍表示，是吳念眞導演的一席話觸動了他：「我們從互助的角度出發，尋找光點，彼此聚合，就能照亮黑暗。」也因此光合之行與其說是旅行，毋寧說是凝聚光源、在呼吸之間行光合作用，彼此分享養分，彼此向上提升的社會運動。

回歸原鄉，才能再出發

林依瑩創辦人／伯拉罕原鄉長照基地@台中和平區

「生命的尊嚴正是超等價物的一切事物的基點。」——池田大作

隨著醫療科技水平的提升與健康、衛生的普及化，世界人口的平均壽命延長，根據內政部的數據，台灣人民於二〇〇四年的平均壽命較十年前增加近兩歲，爲七十六．四歲，到了二〇一四年更近八十歲；加上出生率持續下降，老年人口佔整體人口的比例將愈來愈大。在眾發展水平相似之社會中，台灣高齡化問題不容忽視。約在二〇一七到二〇一八年，台灣已符合聯合國世界衛生組織所稱的「高齡社會」，預估到二〇二五年，老年人口佔總人口的比例更會高達20%以上，成爲「超高齡社會」。老年人口增長之速度，遠比大部分歐美國家爲快，預示了社會對醫療與長期照顧（下稱長照）的需求日趨殷切。

有鑒於此，林佳龍首趟光合之行決定前往台中和平區參訪伯拉罕原鄉長照基地，並到玉山高

中體驗照服員培訓，至雙崎部落與台灣善種子義工團合作擔任志工，協助新建家園；這趟體驗能夠成行還必須歸功於林佳龍任職台中市長時期左右手——林依瑩副市長。二〇一四年至二〇一八年四年間，原爲弘道老人福利基金會執行長的林依瑩，曾發起《不老騎士》計畫，並將其拍攝成紀錄片，喚起社會重視老人家的夢想。在她的專業之下，台中市政府的社會福利成長令人矚目，那一千多個日子從未有過懈怠與浪費，台中市政府的長照服務、機構轉型還有人才培育有口皆碑。林依瑩卸任副市長後，舉家遷入和平區，在達觀部落定居，並投入老人長照工作，凝聚出與在地共生的社區長照力，已成爲當地及台灣多處的長照轉型重要推手。她自身更考取「照顧服務員單一級技術士技能證照」，投入第一線的照護服務，發展出二十四小時的照護計畫。

二〇二一年八月二十九日這天，林佳龍隨昔日夥伴林依瑩深入了解她的工作，來到玉山高中體驗照服員的培訓課程。在林依瑩多年的努力下，已經有許多年輕人返鄉投入長照服務，這些穿梭在偏鄉的年輕身影，他們身上的光亮不僅照亮了自身，更溫暖了台灣的未來。

首站：玉山高中

與其他培訓志工一同上課的林佳龍。

基本課程結束後，參與者對於台灣未來長期照護的方向更有了堅定的輪廓。

上午的培訓課程結束後，林佳龍抵達雙崎部落，自告奮勇參與「台灣善種子義工團」，擔任一日志工，親自動手爲部落長輩規劃遮風避雨的地方，更著手協助修建住處。林佳龍穿上蘇亭熒理事長遞給的制服與工程帽，跟著志工爬上屋頂協助鎖螺絲、釘釘子，許多志工們則是扛起不知幾斤重的建材，無懼烈日，只見他們分工有序，合力興建，強化鋼構、牽拉水電、釘木板、鑽孔洞、焊鐵片，穿梭的身影間鮮少聽見喊苦或是任何抱怨。

林佳龍也曾拜訪當地有長照需求的長輩，其中兩位七十一歲和七十八歲的阿公曾經因爲氣切插管臥床，在「伯拉罕原鄉長照基地」居家服務員、護理師、醫生的共同照顧下，已進步到可以下床，回到日常生活，上了周刊的封面故事。（〈大安溪畔的小奇蹟！〉，《今周刊》）在林依瑩的推動下，照服團隊與醫療團隊能分工合作，並結合科技運用，妥適照顧偏鄉老人，在疫情期間更發揮重要的角色，廣受媒體關注與報導，顯見其一步一腳印踏實耕耘已有重要成果。

期間，傅華國醫師、鄭文琪營運長、梁娟娟護理師等專家也都逐一分享治療與照護工作的重點。照護是一條不容易的路，除了家人的陪伴，醫療團隊與照護團隊更是奇蹟的最大推手。在這裡，所有人團結一致，致力讓台灣的長照服務得到更完整的支持，也更制度化、專業化、人性化。

別看木造建築彷彿很輕鬆，其實都是用滿滿的關懷和汗水換來的。

不管豔陽或是暴雨，只要需要幫助，我們的身影就會出現。

林佳龍與昔日搭檔林依瑩暢談台灣長照服務的不足及改善方式。

以泰雅語Plahan為名，意思是圍在一起烤火取暖，也正體現了人們互助而散發出的溫暖光芒。

簡單用過餐後，林佳龍下一站則是到林依瑩所成立的「伯拉罕共生照顧勞動合作社」參訪。過往林佳龍時常收到昔日夥伴贈送的有機健康雞蛋，或是有機雞蛋製成的蛋捲，沒想到皆產自於此！山區空氣品質優良，環境更加自然友善，雞群顯得健壯而自由，也難怪雞蛋品質良好，合作社官網「有雞計畫——柏拉罕共生照顧合作社」也對外銷售，自產自銷，也作爲長久運作的經費來源。

除了雞蛋，伯拉罕共生照顧合作社還具備跨領域的專業團隊，發展出共生照顧模式：以照服員爲核心，搭配居家醫療與服務、社工、護理、ＯＴ（職能治療師）、ＰＴ（物理治療師），再加上居家打掃與空間美學的協力者。未來更希望可培養照服員爲「照老闆」，鼓勵年輕人回

手中捧著溫暖的雞蛋，更像是捧著伯拉罕共生照顧勞動合作社的雞農們那顆堅持不懈的心。

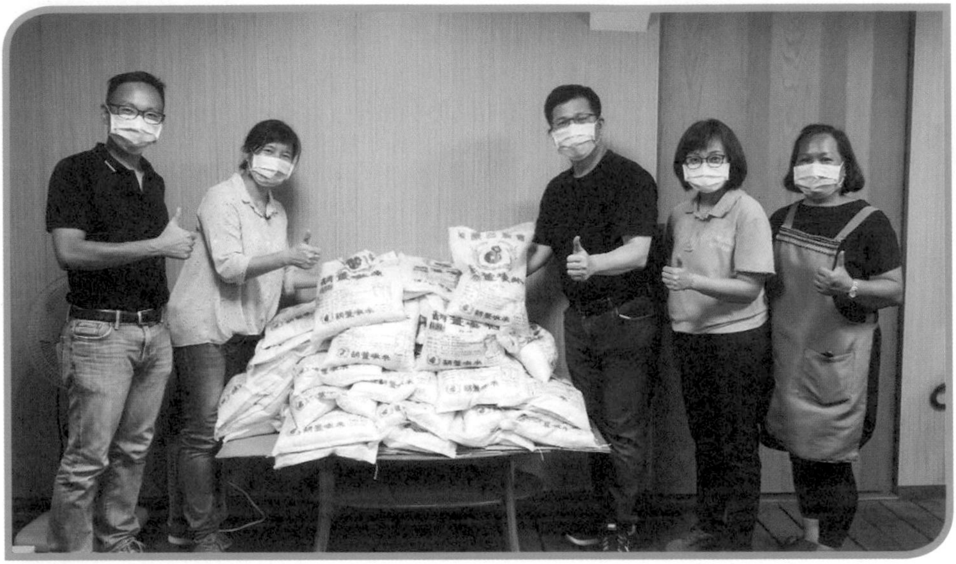

哪怕只是杯水車薪，聚沙成塔，滴水穿石，林佳龍以光合基金會的名義捐助白米，以盡綿薄心意。

鄉創業。現在的合作社，約有一半是不到四十歲的青壯年生力軍，這是多麼驚人的成果。林佳龍得知伯拉罕的公益送餐服務每個月有近二四〇公斤白米需求後，亦代表光合基金會捐出二五〇公斤白米，略盡綿薄心意。

此行最後一站，林佳龍一行來到「博屋瑪國小」，與比令．亞布校長敘舊，並關心學童受教環境。由於林佳龍擔任立委期間就曾積極推動《實驗教育三法》，擔任台中市長後，更有機會與資源關注台中市的實驗教育，因此任內推動博屋瑪國小成為全台灣第一個原鄉實驗教育機構。旅程中，比令校長分享了這些年的成果，這樣的實驗教育，確實讓學生有了更自然、更具創造力的不同受教環境。

此外還有個小插曲，由於和平區山地有許多眼鏡蛇出沒，聽說有隻名叫「傻瓜」的忠犬，爲護主而遭眼鏡蛇咬死，故林佳龍特別請知名燈藝師藍永旗老師製作以傻瓜爲原形的花燈，致贈學校。藍老師百忙之中特別抽空並爲學童無償趕製，不僅是美化校園，更希望孩子們留心毒蛇，也記得這則在地的溫馨小故事。

首趟光合之行可說是滿載而歸，然而故事尚未完結，接下來「攏係好朋友・台灣作夥行」將有更多精彩的故事發生。

吳昆民董事長／良作工場@雲林

民以食為天。台灣優良的飲食文化不只台灣人看見，更要突破重圍讓世界都看見！

二〇二一年九月十一日，林佳龍回到家鄉雲林拜訪多年好友祥圃集團的吳昆民董事長，吳董事長自二〇一〇年起便著手推動豬肉產業六級化垂直整合，以動物營養品本業爲基礎向下整合，並在大埤鄉豐田工業區成立「良作工場農業文創館」，榮獲星級溯源餐廳評鑑優良供應商，此外也推廣農食及環境教育。

沒有什麼事情比回到家鄉更開心了，如果有，那就是看到家鄉變得更不一樣，變得更好！

良作工場全力推廣在地優質食品的心意令人敬佩，可愛的豬隻肉品更是一大特色。

「良作工場」以母公司祥圃實業在地超過三十年畜牧專業，結合文化的深度，形塑「良食究好」的中心思想、食安心安的原味農食，希望經由透明的生產過程及有趣的體驗方式，傳達對豬肉製品的農食鏈的堅持。並於二〇二一年再度入選國際亮點觀光工廠。

良作工場農業文創館經雲林縣政府輔導，不僅擦亮了雲林縣觀光工廠品牌，也打造出國際知名度。其中，「究好豬」的設計主要是突顯產銷履歷，掌握現代人重視食品健康的新潮流，呈現「從農場到餐桌」的歷程，並嚴格把關。透過吳昆民先生的導覽，可見到目前台灣已能做到從豬隻養殖來源、飼料來源、屠體檢驗到健康監控，都有生產履歷可追溯；且從分切、場域清潔、溫度、器械消毒、生熟區隔、淋巴清理、筋膜切除等技術，皆能企業化、專業化的全程溫控，並都有一套嚴格的把關標準。這也是集團「究好豬」品牌的特色，強調研究、追究、講究好的精神；更重要的是推動人道飼養，使用均衡營養的飼料，提倡預防醫學，遠離非洲豬瘟，也保障豬隻在乾淨健康的狀態下成長。此外，林佳龍也特別關注吳董如何兼顧環境永續與企業社會責任，而這也是祥圃集團的一天特色，他們參考國際經驗，將豬隻的排泄物善加處理，更進一步發展沼氣發電廠。

此行林佳龍也捲起袖管，在吳昆民夫婦的指導下，揉作肉丸煮湯。富有嚼勁的肉丸搭配豬骨熬出的純濃湯底，入口那刻，雲林豬肉的鮮美令人讚不絕口。此外林佳龍更感佩祥圃集團與學生團膳業者「食家安」合作，共同守護校園食安。良作工場並連續四年捐贈嘉義市四所學校體育班優良肉品，讓嘉義市二二三位體育班學生受惠。

▍敞亮的館內可以一目瞭然的理解豬隻產銷的過程以及品牌化的經過。

▍專業、效率且兼顧環保，是良作永遠不會遺失的「良做」。

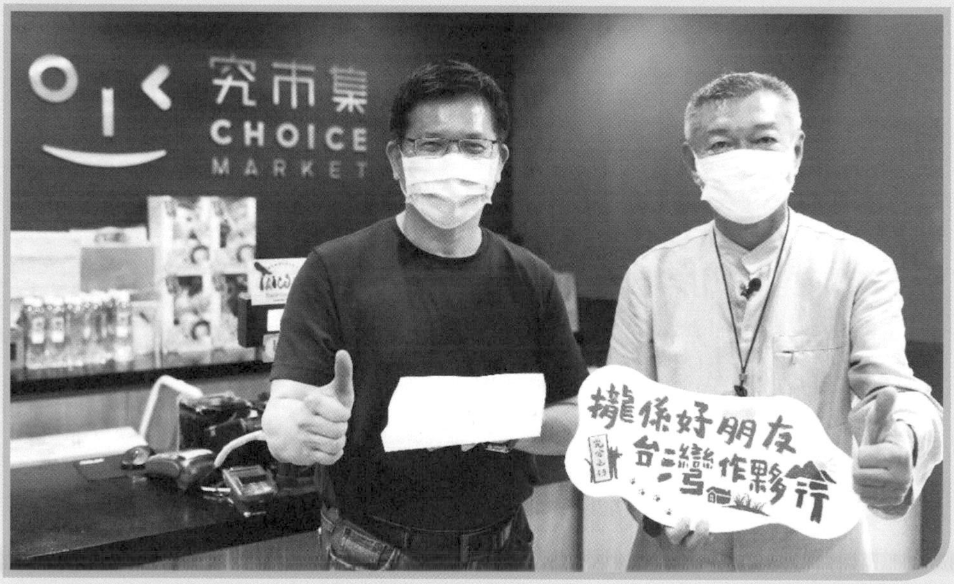

▍「究好豬」真的「講究」又好吃！林佳龍現場直接訂購了五百份肉包要與社福團體分享。

吳昆民董事長表示，飲食是所有文化之本，他期待將台灣豬肉推上國際，並不是主張推廣外銷，而是盼望外國觀光客有一天到台灣，就爲品嚐一口台灣豬肉，就如同我們到西班牙慕名品嚐伊比利豬的心情。

行程結束後，林佳龍另行參訪了虎尾糖廠的第三公差宿舍，亦採購雲林縣返鄉青年店家的產品，以及庇護工廠以在地特產「虎尾糖」製成的點心，支持在地青年創業行銷。

雲林是台灣的農業與畜牧業大縣，近年正致力翻轉成爲台灣「農業首都」的典範，疫情稍緩時，歡迎大家來趟雲林，親自感受台灣農業裡的現代化企業精神。

林右昌市長／港都基隆

無論大城小鎮，我們都在尋找自己的根。

秋日涼風，林佳龍一行來到北部的港都基隆。基隆濕潤的秋意，十分詩情畫意。此次拜訪的是基隆市長林右昌。林佳龍與林右昌是台大的學長與學弟，也是野百合學運的夥伴，相識超過二十年，不論府院黨中央到地方，互動頻繁。據林佳龍的觀察，林右昌腳踏實地，待人眞誠，是低頭就做事、抬頭便前瞻的人，腦袋裡有許多美好的夢想與願景，浪漫的思維與理智的都市計畫跟景觀專長，使他足以落實藍圖。而基隆也果然在林右昌的帶領之下，不到八年就華麗變身，一新舊貌。

雙林見面後，談得最投契的莫過於城市治理經驗。林佳龍眼裡的台中，是一座因鐵道而生的

基隆作為港都，人文地景都獨具特色。

▍學長學弟相見歡，先來張合照不囉嗦。

城市，所以當初他主張將舊鐵道改造成空中花園，雖經歷不少居民抗爭反對，但之後經過多方協調，保留駁坎、鐵軌、跨路鐵橋，前後站空間的縫合與連結，在互相尊重與妥協下，市民得以在鐵軌駁坎實際體驗過去火車走過的路線。這也讓林佳龍有感而發：「城市的遠見，以及如何引導地方創生的參與的確需要時間。」擔任交通部長期間，林佳龍則發現了基隆的潛力，這座城市可以不僅僅是一個港口，若從歷史的縱深切入，基隆更可以是台灣的門戶、是世界訪台旅遊的目的地。

大家長林右昌也認同基隆的潛力。不過相較於雙北的資源，過去基隆的經營長期受限於財政與人力，頗難發揮；近幾年多虧產官學界齊心努力，才得以翻轉。舉凡正濱漁港的彩色屋、和平橋的變化，都是以理念與價值去領導方向，再加上政策推動，讓許多民眾肯定基隆近六、七年來做了過去二、三十年才能完成的工作。

談到這裡，林右昌笑說：「把不可能變成可能」是他治理城市的初衷，也希望基隆全體上下的毅力與豪情能夠作爲其他城市品牌塑造的借鑑。當民眾沿著正濱漁港漫步，近處既是漁民的日常，也是遊客的愜意，這就是一幅最好的基隆風情畫。林右昌有位好夥伴——觀光及城市行銷處長曾姿雯，在她的努力下，過去大家想到基隆，可能腦海中只會浮現夜市、港口、海鮮，印象有些老舊；然而現在一提到基隆，大家想到的更多是繽紛的色彩屋、具歷史感的阿根納造船廠，還有許多在地文史深度旅遊行程。

這改寫城市記憶的過程，要感謝許多人的努力，基隆的在地職人、返鄉青年工作者，在傳統與創新之間激發出創意，成就了更好的基隆。全台灣都看見，原來一

兩位城市治理家暢談如何跳脫框架、突破重圍並擁有靈活的應變能力相當重要。

座老派城市的改頭換面，竟可以不依靠雄偉的建設，真正要緊的其實是反覆琢磨、深入城市歷史紋理的文化治理思維。而這一切也顯示基隆是一個勇於挑戰冒險，完成夢想的城市。人們在港邊的咖啡廳喝咖啡、看書、聊天、散步、遛小孩、遛狗，正濱漁港的彩色屋前還隱約散發著戀愛般的粉紅氛圍，如此美麗的畫面市民怎能不感到幸福？

基隆是港都，一個勇於做夢與發光的港都。

繽紛的不只是城市，而是所有市民的生活。

難得悠閒相聚，這對學長學弟也互相介紹彼此的好夥伴，林右昌特邀與NBA球星同名的林書豪，林佳龍則邀請台中的范特喜團隊，大家共聚一桌，互相討論城市再生的創意以及實際執行的運作模式。曾旅居日本的林書豪將他在日本學到的地方創生經驗帶回基隆市府與文化部，他認爲基隆的港邊風貌，具備十足的條件可以發展屬於北台灣的港邊創生，這樣的逐夢壯志，還帶著台灣年輕人耕耘家園的執著與溫柔。

台中范特喜團隊的鍾俊彥總經理、楊勝堯副總經理以及李咨誼協理則分享在台中綠光計畫的范特喜文創聚落，範圍涵蓋勤美綠園道誠品旁的巷弄、向上北路北邊的范特喜甜點森林和中興一巷十三棟自來水公司老宿舍改造的特色餐廳與雜貨店。斑駁的老牆，坍塌的屋頂，范特喜團隊在這些垂垂老矣的巷弄間注入「民藝的概念」，讓看似在城市中逐漸被遺忘的區域，以最簡單安全的建築維護方式，保留一整排連棟透天老厝特有的歷史風景，並與在地商家和青創合作，深入與社區的連結，現今已然成爲文創聚落。不但成爲成功將老屋街區改造成生活聚落的案例之一，更已是國內外的經典案例。雙方的交流時時迸發靈光，不僅讓人看見台灣民間的創意與活力，也激勵了彼此圓夢的堅定意志。

行程尾聲，林佳龍特別前往太平輪紀念碑前獻花致意。紀念碑承載著大時代的傷痕，他在碑前佇立良久。海風曾經在過去張狂的捲起，推動著大航海時代與二次世界大戰的波瀾壯闊，亦曾如現在這般溫柔的撫慰著討海人與近海遊客的安穩生活。這是基隆承載的歷史重量，這是一座城市的深度與厚度。這樣的基隆，也將爲我們開啓嶄新的篇章。

不同的團隊，不同的腦迴路，同樣都是為了讓自己生長的土地更美好。
目前范特喜的李咨誼協理也身兼光合基金會的董事，持續為城市的改造付出心血。

知識，是我們前行的力量

周立涵營運長／樂天Kobo電子書城——一機在手，智慧無窮

萬物皆要數位化的時代，文字是否也能夠跳脫紙張的框架？

電子書二〇〇六年就進入台灣市場，更於二〇〇九年出現第一台電子閱讀器，二〇一〇年隨著智慧型手機及平板熱賣，政府也同步規劃數位內容產業推動政策，但電子書及閱讀器的使用率因爲使用習慣等等還是沒有太大的提升。而樂天Kobo二〇一六年進入台灣市場銷售電子書，截至目前繁體中文電子書已有十五萬本，二〇一七年成爲台灣電子書銷售冠軍，在全球市場表現亮眼。

日本樂天Kobo台灣與香港區營運長周立涵表示經營電子書市場邁入第五年，目前台灣會員人數已突破五十萬人，中文藏書量超過十五萬本。近年來在疫情動盪下，電子書閱讀的趨勢不減反增，更帶動整體業績成長，且二〇二一年五月即穩坐台灣市場市佔率第一名的電子書閱讀器品牌。

一直以來都閱讀紙本書的林佳龍，此次可真算是大開眼界了。

作爲一個愛書人，林佳龍家中自然是藏書萬千，妻子婉如曾無奈表示是時候跟上時代了，試試看電子書吧！林佳龍想想，對於新時代新事物，即便不是很了解，但既然有不同吸收知識的方式，何不親自嘗試一次看看呢？在這樣的想法下便促成了這次與周立涵見面的「光合之行」，地點自然選在樂天kobo的營運總部進行。周立涵營運長一談起電子書，眼神都光亮了起來，這位青年滔滔不絕地分享關於「閱讀」的許多有趣新觀點，更介紹起自家產品與其他產品顯而易見的優勢與方便性，使林佳龍聽得津津有味更產生了想嘗試看看的興趣。

訪談之後，林佳龍體認到這樣一台輕便的機器確實是數位時代的一大變

▍面對這樣的新鮮玩意，林佳龍略顯苦手，不過在周立涵的鼓勵下仍解鎖了首次使用電子閱讀器的成就。

▍感謝周營運長的餽贈，現在林佳龍可有一台移動型的知識庫了呢！

不同尺寸的電子閱讀器提供更多樣化的選擇，不管是漫畫或是小說雜誌，都能輕鬆閱讀。

革，只要想閱讀，何時何地都能進行，無論是通勤或是等待的期間，甚至下班後回家洗好澡睡前的溫馨時光，小小的閱讀機擁有大大的圖書館，既能持續保持或是培養閱讀與吸收新知的習慣，更省去實體書籍收藏的空間或是攜帶的重量，的確是一機在手，古今中外的世界同時擁有！林佳龍在體驗過程中，也覺得有別於紙本書，電子書的文字可以隨喜好放大、調整字距、亮度等，對高齡者或是視覺相對弱勢的朋友來說，可以營造更加友善及舒適的閱讀感受。在交流結束後，周立涵營運長更是慷慨的送給林佳龍一本閱讀器，如今林佳龍也是走在潮流尖端的讀書人了！

張介冠老闆／日星鑄字行——文字即思想，思想即力量

鉛字帶我們重返那個以文字爭取自由的年代——

參訪數位科技之餘，林佳龍也邀請周立涵一同前往台北最歷史悠久且碩果僅存的「日星鑄字行」，跟張介冠老闆請益，看看是否能在傳統與現代之間激盪出創意。甫走進店裡，眼前便映入從二次世界大戰後就開始使用的活字架，數萬枚鉛字井然有序地按照部首與筆畫陳列。

張老闆熱情的領著兩位愛書人一一導覽，並走到一台還在服役的鑄字機前，特別說起這台機器是在台中生產，現在年紀已超過六十歲，張老闆一邊操作機器確認溫度，三百度的高溫之下鉛塊逐漸溶解，同時拿起重達七公斤的鑄字原料「鉛」塊遞給林佳龍，使林佳龍眞實地體會到，文字是眞的具有「重量與溫度」的。

智慧的長江上，前浪與後浪究竟能否碰撞出更波瀾壯闊的浪花呢？

可別看機器老舊，運作起來還是很穩當妥貼呢！

接著我們走到活字架前，張老闆出考題，考驗我們揀選字的邏輯，於是兩人小試身手，在密密麻麻的鉛字中，一一找出自己的名字，由於鉛版字和實體字是左右顛倒的，真的得實際體驗過才知道這可不是件容易的活兒。張老闆親自示範檢選出需要的字之後，開始排版、綁字，然後看著印刷台喜氣又飽和的紅色油墨，只見老闆細心地將手工紙擺放完成，溫柔緩慢地向下移動，然後到底時，用力一壓，再輕輕將把手往上移動，舉手投足之間像極了優美的交響曲，沒有一絲混亂與不和諧。

我們紛紛湊上前看成品，現場其他同仁的讚歎聲此起彼落。有別於電腦印刷，活版印刷文字還蘊含了一種傳統的美感，加上印刷力道所產生的凹陷，文字似乎躍然眼前。

▍這樣密密麻麻的鉛字排列，貌似複雜卻極其有秩序，而古早的知識便是這樣一字一印的留存下來，冰冷的鉛塊瞬間散發出時代的溫度。

▍不就是找自己的名字嗎，可有什麼難的？嗯……等等，好像真的有點難啊！

▍日星鑄字行的張老闆贈送林佳龍鉛印的特製賀卡！

回顧日星過往的歷史，張老闆提到當年他的父親曾承接部分雷震先生所創的《自由中國》刊物印刷工作，回憶起那些時光，恍如昨日清晰，如同電影《天橋上的魔術師》裡描述白色恐怖時期檢舉禁刊的場景，最恐怖的不是被逮捕的恐懼，而是每天在門口閒晃的監視者所帶來的肅殺氛圍。當年的《自由中國》，以「反共抗俄」爲大纛，秉持「使整個中華民國成爲自由的中國」的理想，宗旨第一條就是「向全國國民宣傳自由與民主的眞實價值，並且要督促政府（各級的政府），切實改革政治經濟，努力建立自由民主的社會。」雷震等人將理想訴諸文字，批判當時的威權，也因此繫獄多年。

林佳龍心生敬意。身爲學運世代，見證過白色恐怖，看著台灣從戒嚴到解嚴，終於迎來此刻民主化的社會，這一條路，是太多前輩的犧牲與奮鬥。

如今，在全世界已所剩無幾的鑄字行業，張老闆的日星鑄字行仍爲台灣守著這片文化資產，也守著這段珍貴的台灣歷史記憶。

▍無論是傳統或是現代的技術，只要夠傳承知識，都是光芒所在；如何在兩者之間尋求平衡，甚至激發火花，則是值得大家繼續探索的課題。

黃金山／二手黃金書屋@民雄

突破常規體制，一對一因材教育，
讓孩子掌握翻轉的可能性！

前台北世貿二館館長黃金山退休後，於嘉義縣民雄鄉開設「薪傳二手書店」，並由大學生免費輔導清寒學生課業，十餘年來規模逐漸擴大，用盡退休金，只為翻轉兩千多名孩子的命運。黃金山認為若要有效提升學生課業，關鍵在於一對一量身訂做的教學，如此才能擬定「標靶」策略，由每位課輔老師針對每個孩子的學科進行診斷，找出弱項與強項，重新打好基礎與建立自信，進而逐步引發孩子主動學習的動機。這一趟，林佳龍來到民雄，拜訪黃金山。

參訪當天，大學生耐心地教導中小學生物理、數學、英文、國文、歷史等各科目，以實際

提起民雄，你是不是會先想起鬼屋呢？
不過今天我們造訪的，不是鬼屋，而是一棟用知識打造的黃金屋。

▎穿插在繽紛的招牌中，目的地「薪傳二手書店」或許不那麼起眼，但一入內便可感受薪火相傳的暖意。

▎創辦人黃金山先生滿腔教育熱血，侃侃而談。

▎與鄰近大學合作，一對一因材施教的民間教育方式，或可將體制內外的優缺點截長補短。

的行動溫暖需要協助的孩子。這些年輕的老師們是來自鄰近的中正大學及嘉義大學的大學生，互動中也流露出教學的使命感與成就感。

黃金山分享，他曾嘗試透過許多方法鼓勵孩子讀書，包括贈書、補貼交通費，後來發現，「陪伴」或許才是最能鼓勵孩子的作法，這讓他們感覺自己沒有被放棄，重拾自信。這個概念也受到美國二〇〇二年通過的法案《沒有孩子落後》（No Child Left Behind）所啓發，該法案的主要目的在於縮小中小學的學習落差。目前薪傳二手書店的孩子們九成以上能趕上學校進度，孩子慢慢有信心，從駝背羞澀轉爲抬頭挺胸。

孩子是台灣的未來。民間還有許多如黃金山一般熱情投入體制外教育的工作者，也許光合基金會能試著協助將之與其他教育機構建立協作關係，擴大這股力量，讓更多孩子都有機會有效學習，掌握自己的未來。

讓夢想帶著台灣，走向世界

魏德聖導演／看見台灣四百年@高雄

「只要台灣的心胸可以大到接受整個世界，世界也可以是台灣的。」——魏德聖

二〇二一年金秋十月，「光合之行」來到高雄。在南下高雄之前，林佳龍先造訪了位於新北市林口魏德聖導演擺放拍攝《台灣三部曲》的道具倉庫，並驚訝得知電影因資金問題不得不在拍攝中途戛然而止。

林佳龍任職交通部長時，就曾初次聽魏德聖導演簡報《台灣三部曲》的電影及園區計劃，彼時魏

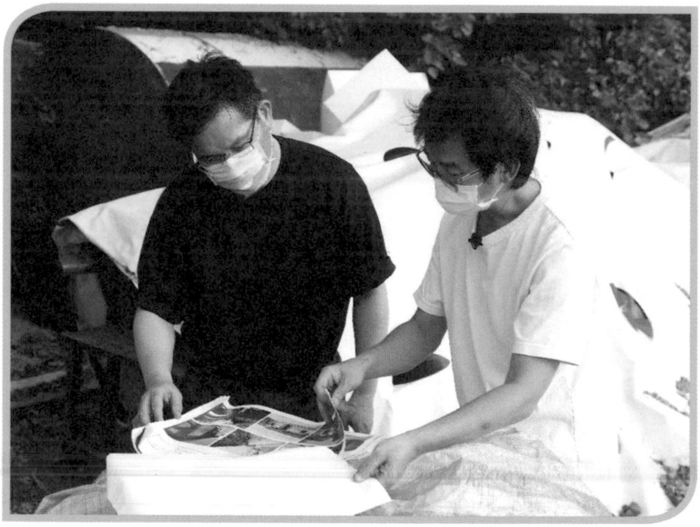

倉庫裡堆疊的似乎不是道具，而是正等待啟航的夢想。

導滿腔熱血談著一六二四年台灣進入大航海時代，在二〇二四年就要進入第四百年，這是重要的年份，代表台灣遠在四百年前就已經是國際發展的一環。當今台灣社會亟欲尋找自身的認同以及在世界大局裡的角色，這段歷史頗具啓發，因此盼能將有限的史料轉化爲影像，在二〇二四年推出一部訴說台灣人與世界接軌之起源的電影。當時林佳龍便對此深切期待與支持，更協調交通部觀光局大鵬灣風景管理處支持電影搭景需求。

魏導的這個發想，其實已醞釀了二十餘年。早在一九九六年讀到作家王家祥《倒風內海》的小說後，魏德聖導演便開始想像每天腳踩的這片土地，四百年前是什麼樣子，並從劇本開始慢慢建構四百年前的生活模式。魏導在創作《賽德克・巴萊》的過程中已深刻體會到敘事角度的重要性，因此已特別就此思量過，在四百年前那樣一個豐富且多元時代背景下，台灣島上的原住民、荷蘭人或漢人各自面對不同的生存難題和抉擇，而他將以三個角度、三種故事來呈現這個時代與大環境，分別是：西拉雅人角度的「火焚之軀」、漢人角度的「鯨骨之海」以及荷蘭人角度的「應許之地」。這是魏德聖二十多年前就寫好的劇本。「我所拍的每一部電影，都是爲了有一天能有足夠的能量開拍《台灣三部曲》」，魏德聖說。

林佳龍也曾邀請導演到台中光合基金會舉辦座談會，當時現場座無虛席，討論熱烈，聽眾無不被導演的使命及胸懷壯志所感動。魏德聖導演堅信台灣絕對有能力持續拍出好萊塢水準的電影，更希望能透過大製作，創造電影產業的工作機會，提高技術涵養。因此他婉拒了中國資金

好的劇本不會被辜負，只是需要發光的機運。

的援助，堅持留在台灣拍電影，然終究因爲資金問題宣告停拍，令人惋惜。魏德聖心目中的電影，不只是以影像說故事，更是傳遞文化的重要媒介。就像透過電影，我們可以認識遠在美國的原住民族，魏導強調，台灣其實相當豐富，結合了原住民族、漢人遺族、新移民等文化，只要台灣心胸可以大到接受一整個世界，世界也可以是台灣的。

林佳龍從政之路，不論是行政院新聞局長、台中市長、交通部長任內，都有許多與台灣電影產業互動的機會，他也始終力挺在地影視發展，如今雖然沒有公職在身，仍盼能爲電影盡點心力。電影人爲了拍出一部好片而燃燒生命的熱情，是最最難能可貴的。也因此，林佳龍得知《台灣三部曲》計畫中止後深感惋惜，希望為導演打氣，也想聽聽導演的下一步，故規畫了這次的光合之行。此行特別商請魏導帶領大家到高雄「南星計劃區」參觀未曝光的「麻豆社」場景。要考究四百年前的生活實景並不容易，一行人聽導演逐一講述考究、復原的過程，林佳龍在細節裡看到了電影團隊的堅持，也彷彿預見了那宏大的電影畫面。

回想起《海角七號》當年在一片不看好的情況下締造了台灣電影奇蹟，刷新了票房紀錄；魏德聖導演本可以在成名後選擇製作更輕鬆、更符合一般潮流的電影，卻秉持初衷，毫不猶豫地一再往辛苦的路前去，以自己的方式訴說台灣的故事，為台灣電影嘗試不同的可能性。

林佳龍問魏導：能為自己的夢想堅持多久？又願意為夢想走多遠？魏德聖回答：「所有的夢都從不可

那天的我們就像孩子，談起那許多待實現的夢想。

能開始，你有多想實現看似不可能的夢，你就能走多遠。」是的，這也是光合基金會的信念：「即使目前僅是角落微光，但只要光源不滅，終有匯聚光點，綻放光芒的一天！」

回程路上，林佳龍懷揣著導演贈送的《台灣三部曲》劇本、鹿皮和樹皮衣料，心想，或許人生的轉彎之處，另有風景；好比柳暗花明，又是一片新天地。期待未來，無論以何種形式，我們仍有機會看到魏導這部大航海時代下的電影作品，與更多台灣人一起認識屬於我們腳下這片土地的故事。

「所有的夢都從不可能開始，你有多想實現看似不可能的夢，你就能走多遠。」——魏德聖

披上鹿皮，魏導你瞧瞧，屆時重新開拍的時候我是不是很值得演一角？

▍看啊，我們的眼神都還有光，道阻且長，但只要堅持，終會抵達彼方。

「球來就打！」／三星國小棒球隊@宜蘭

「只要相信自己，就算和別人不一樣也是可以的。」——鈴木一朗

說起光合基金會的創立，當年首撥補助的三個對象分別是：台灣石虎保育協會、宜蘭縣三星國小兩名棒球隊同學赴美參加「大聯盟國民隊棒球訓練營」，以及金馬獎得主《日曜日式散步者》黃亞歷導演於國美館舉辦的精彩跨界藝術時代特展。這系列的「光合之行」中，也特意回歸初衷，來到宜蘭縣三星國小，參訪棒球隊。

三星國小可不是一間普通的國小，這所百年學校不但培訓出許多職棒選手，到現在仍持續爲台灣栽培小小棒球員，也是宜蘭唯一一間有正式棒球隊的國小。當時光合基金會看見這所國小的潛力，藉由「未來台灣遞光計畫」，希望鼓勵台灣運動育樂發展，更爲長遠的培育優秀或潛力運動選手，於是

宜蘭三星國小

協助宜蘭縣三星國小的蔡子洛與謝丞安二位學員參加「大聯盟國民隊棒球訓練營」，引進最新棒球觀念及訓練方式、並同步培養學生團隊合作與品格教育、期許發展棒球爲宜蘭地方特色運動項目，拓展宜蘭棒球產業的發展及未來多元的就業機會。

參訪當天，原本林佳龍及團隊希望與小球員們來場熱血的友誼賽，可惜天公不做美，不斷下著雨，於是不得不移師室內；雖有些遺憾，但林佳龍也略感慶幸，否則以他的年紀與身手，怎麼能免去被號稱小辣椒的球員們慘電呢？

不過光合此行參訪也發現宜蘭多雨的氣候確實限制了球員受訓的環境，戶外的練習場極需改善，當即聯絡各界關心棒球的朋友洽談後續協助。室內球場上，只見林佳龍從投球練習開始，兩位熱心的小教練上前指導，從站姿到手臂姿勢，無不專業。依照他們的修正動作，球果然投得又直又遠，看來球員們不但球技佳，未來也有當教練的潛力。

這個午後，就在球隊的熱血中度過，當大家圍成一圈彼此加油，那種活力讓人重新燃起鬥志，這也是團隊運動迷人的地方吧！光合基金會也將透過具體行動持續支持，除了贊助一年的寒暑假集訓伙食費，也將邀請校長及教練帶孩子們到台中洲際棒球場觀摩職棒賽事，或許不久後，這群孩子裡就有人會晉身職棒場上揮灑汗水的選手呢！

▍換好衣服也完成熱身了！

▍在任何領域，不分年齡，只看專業，林佳龍大大地鞠躬，向厲害的球員們說一聲「教練好！」

每個夢想，都萌發於小小的種籽。光合正努力在力所能及的範圍內，守護每一個夢想，讓生命發光，讓夢想帶著台灣前進！

感謝今天所有優秀的指導老師與球員。

現在是小小的光，只要堅持不懈，有一天終會在世界的舞台上大放異彩的！

讓自己成為光，也邀請身旁的人成為光

走過一系列的「光合之行」，外界或有視爲這只是林佳龍政治失意的短期「療傷之旅」；然而事實上，這趟尋光聚光之旅並不會停歇，他將繼續走訪全台各地，一步一腳印，結識更多爲台灣努力的朋友，連結共好。對林佳龍來說，從政初心，無非對斯土斯民的關懷，他希望眞正了解這個社會的運作，民眾的想法與意願。與其問林佳龍的下一個舞台在哪裡，不如問他能爲社會做些什麼，或是激勵整個社會的每個環節做些什麼，讓這些美善的點線面串聯起來，事半功倍。畢竟，只要深入社會的各個角落，你我將會發現，這些在地方上默默發光發熱的人，更值得我們關注。

而無論現在或是未來，無論在哪個位子，擔任什麼角色，林佳龍初衷不變：只要能盡一己之力，讓台灣社會更好．共好，那就是他的方向。

或許我們每個人，都能為自己規劃一趟光合之行，

尋找光點，把光傳遞出去。

走在光裡——

——成為光，如此便能讓我們一起

他鄉是故鄉

林佳龍母親 口述

文以歲 整理

陳建仲 攝影

我十四歲那年離開鹿港來到台北大都市，就在今天板橋火車站附近的遠東紡織廠當女工。佳龍的爸爸本來在台北日新國小讀書，後來爲了躲避「台北大空襲」，才回到雲林鄉下麥寮，初中畢業後，因爲成績優秀，他又擱重返台北，本來想要考「建中」，但是沒考上，於是就留下來。他在大稻埕迪化街附近的「男裝社」做西服學徒，人家說佳龍是「裁縫師的兒子」，可說是一點也沒錯。

我二十一歲結婚，結婚後因爲要幫公公償還他以前做生意失敗的負債，夫妻倆整天沒日沒夜的打拚，日子過得很辛苦。我還記得佳龍出生後還沒滿月，有一個晚上在靠近中華路的鐵路邊上，有一大片違章建築突然失火，大火燒著燒著，最後竟然燒到我們當時住的矮仔厝，那棟厝是用塑膠板、木材、石棉瓦搭起來的。當時他爸爸先搶救小孩，跑回來救我時，我的額頭已經撞傷，我差一點連爬出來的力氣都沒有。逃出來後，我發現尚未滿月的佳龍被隨便放在路邊，他那兩個也很年幼的姐姐，憨憨的坐在那裡大哭，也不知道應變，那天晚上天下著雨，農曆春節剛剛過，二月天氣很冷，只看到小囡仔渾身淋得濕透透，竟然沒哭、也沒發燒，我趕緊把他抱起來，心內揪毋甘，但是回頭一看，看到那間被燒光光的破厝，想到以後的日子不知道該怎麼過，眼淚就直直流下來。

我們搬離開被火燒光的破厝後，又在附近找到一間違章建築，地點就在今天的南門國小旁邊。那座厝小小間的，臨著馬路邊，於是我們又重新開始奮鬥，繼續做起裁縫的小生意，在艱苦

中生活總算變得好過一點點。

佳龍小時候很皮，總喜歡往外跑，四處找小朋友玩，可是他很奇怪，他總是喜歡找年紀比他大的小孩玩，也愛當「孩子王」。我記得他還在唸幼稚園時，有一次他爸爸回雲林鄉下探親，家裡留下一群年紀都很小的學徒，他竟然就站在他們面前說：「我爸爸不在的時後，你們都要乖乖聽我的話喔！」當時我站在旁邊，看到他說話的口氣，一副好像「小大人」的樣子，看著看著我都快笑出來了。

記得有一次，家裡突然來了一位警察，說要調查我們全家的戶口，那天我先生剛好不在，我一看到警察心裡就很害怕，尤其是我們住在違章建築裡，家裡又有一堆來自雲林鄉下的學徒，他們都沒有報戶口。警察先生看我遲遲沒拿出戶口名簿給他調查，口氣變得很不好，大聲的罵我一句，但我還是很客氣的先端出來一張椅子請他先坐，可能是剛剛看到我被人罵，當時還在唸幼稚園的佳龍，竟然也很兇的對警察先生說：「這是我家的椅子，不准你坐。」害我只好不斷的在旁道歉賠不是。

我十八歲時就跟板橋港仔嘴光復街上的「眞武廟」結緣，這裡供奉玄天大帝，是我從年輕到現在一直都會虔誠拜拜的地方，一直到現在，我都還是廟裡的志工。「眞武廟」旁邊以前都是農田，也是佳龍小時候經常抓泥鰍玩耍的地方，我年輕時工作忙碌，常常爲趕出貨忙到無法分身，只好把小孩托在廟裡自己玩，佳龍的童年有很多時間都是在「眞武廟」度過的。當年有一位疼惜我的大姨，認我當作是她的乾女兒，佳龍從小就稱呼她爲「板橋阿嬤」。我們因爲做生意住在萬華，但也經常過橋來到板橋，那時候我也經常把佳龍寄給「板橋阿嬤」看顧，每逢初一、十五，殺豬公、大拜拜，「板橋阿嬤」帶給我們太多幸福的記憶，如今她已經活到一百多歲了，對佳龍來說，可以說是比親人還要親的阿嬤。搬離萬華後，我們在華中橋附近，終於買了自己的房子，到現在也已經將近二、三十年了，有很長的一段時間，佳龍的戶籍都設在新北市。新北是我很習慣的生活圈，要搭各線公車我都很清楚，我早已經是新北市民了。

以前我們家裡很窄，一大群學徒就擠在小小的房子，當時屋裡沒有像樣的書桌，所以佳龍從小就喜歡到圖書館看書，這個習慣一直到他唸大學時都如此。不過不管去哪裡，到了吃飯的時間，他總會準時回家，因爲他知道，家裡人多，不準時到家可能會吃不到飯啊！

我回想佳龍小時候的事，不知道爲什麼好像都跟吃東西有關。我一直印象很深刻，他以前唸南門國小時，每天中午，他就會跑到與我們家只有一牆相隔的圍牆邊，踮起腳尖來跟我拿便當，還經常會唸著：「阿母，我肚子好餓啊！」我看著他那圓滾滾的大眼睛，心理就會想：「這囡仔跟我一樣，正港是眞快餓、又眞會吃啊！」

他念小學時，每次早上起來，看到她姐姐煮稀飯時就會臉臭臭，轉過頭說自己要去外面吃，他爸爸看到這情況就會罵他，說人家煮什麼你就吃什麼，囡仔人不能這麼挑食。她的姐姐後來跟我們說，弟弟正要轉大人，稀飯怎麼吃都吃不飽，所以後來煮稀飯時，我就會想辦法多準備些能夠飽的東西給他。

小時候他愛往外跑，喜歡四處找朋友玩耍，放暑假時，我一方面生意忙，另外又怕他趴趴走顧不到，所以就教他幫我縫褲頭，每縫一件就給他一塊錢，說也奇怪，他竟然馬上點頭答應，也很認眞的幫忙，線頭總理得順順順，眞不愧是我們做裁縫的小孩。我記得他每次領到「工資」後，就會跑出去買零食，然後分給家裡的小學徒作夥吃，我經常看到他們你一口、我一口，吃得津津有味，我看得總會哈哈大笑！

佳龍個性比較像我，外向、大方、愛交朋友，他的爸爸就比較內向、不喜歡多說話、也很節儉，但我們夫妻做人都很實在，這點佳龍應該是有遺傳到我們啦！

佳龍現在很忙，偶爾晚上回來陪我吃飯，也總是要一直回電話、回簡訊，我們難得講上幾句話，更別說是一起出去玩。有時候我也會心疼他總是這麼累，但現在我已經想通了，反正我這個兒子就是獻給台灣，我也沒甚麼好怨嘆。

我今年八十多歲了，總覺得要把自己照顧好，不要讓兒子爲我擔心。你看我今天又回到三水街市場，跟買了好幾十年的攤子買黑豬肉，我總是坐公車來，一切都很方便，我的日子過得很快樂，生活也很簡單。我已經有七個孫子女，以前曾經擔心很年輕就過世的大女兒的小孩，如今他們也都已經長大成人，其中一位認眞學做麵包，現在也要當店長了，我很欣慰。

我雖然偶爾會覺得寂寞，但並不覺得孤單，我是一個很獨立的老人家，也有很多自己的朋友。我有一個很孝順的女兒，她經常會陪伴我，開車載我到處玩，我過得很滿足。佳龍也經常會給我零用錢，他總是勸我要好好享受生活，我總是告訴他，「免煩惱我，你只要去做好服務的事就好。」

我們夫妻倆早年離開故鄉，分別來到台北都市打拚，那時候經常想，如果有一天能夠榮歸故里該有多好，那時候，台北只是我們「討生活」暫時住的地方。如今，佳龍的爸爸已經葬在新北金山，其實不管台北、新北都已經不是異鄉，當年的「他鄉」已經變作是「故鄉」。我女兒說有一首歌叫做「台北的天空」（有我們年輕的笑容，也有我們打拚和休息的角落），我感覺這首歌的意思很好，說實在話，我們都已經是「台北人」了！

新北與台北合起來的「大台北」，已經變成是我們的故鄉，「台灣」也從很多人原本心中的「他鄉」變成是「故鄉」，我常跟佳龍說，我們上一代是爲個人家庭、爲生活打拚，現在你們有能力，就要作伙爲整個台灣、爲下一代打拚，這就是我對他的期待！

特別企劃

找出一條翻轉新北的路
——政治的承擔與改變的承諾

林佳龍競選新北市長團隊　彙編

投入一個眾人都認為「不可能的任務」承擔責任接受黨的徵召

林佳龍認爲，人要先「Becoming Myself」，才能「Beyond Yourself」。儘管自己的出生、父母、家庭無法改變，但人生還是有很多抉擇的機會。在人生旅途的重要抉擇上，究竟是「自己選擇」還是「被選擇」？如果能把握每個選擇的當下，就是「能活出自我」，才能讓生命自由自在。林佳龍曾說，他最重視的核心價值就是「成爲自由人」。他認爲，人的存在意義在做自由人，而眞正的自由，是在社群中實現的。也因此，一個人要活出自我，也就是成爲自我和超越自我，是須要在貢獻大我之中實現小我，包括個人內在身心靈體的健康發展，和個人與外在世界的均衡發展。

這是林佳龍致力於學術研究與政治工作的理由。他希望自己能做一個自由人、能追求個人和社群的自由、能建構和實現自由哲學，以此來確保之後一代接著一代，都能擁有自由地思想與行動的權利。所以他在做選擇時，考慮的都不是個人一己的利益，而是大我的利益，也就是台灣的整體利益。這是爲何在民進黨內沒有人表態要參選台北市長前，林佳龍會率先提出「關於台北首都圈的十二門課」的原因：他希望能透過政策的發想，讓更多人注意到首都圈區域治理的必要性。而這也是爲何在陳時中前部長表態想參選台北市長、蔡英文主席又期許他能代表民進黨參選新北市長後，選擇投入這場艱困選舉的原因：因爲若想要帶動台灣的發展，連結台北、基隆、桃園與宜蘭，作爲首都圈承軸的新北市眞的急需要人翻新。

包含台北縣時期在內，過去十七年來新北市都是由中國國民黨執政，而現任的侯友宜市長自新北市升格後，已經營新北市政十二年，不僅各界認爲侯友宜連任機率高，也被認爲是藍營挑戰二〇二四總統大位的熱門人選。雖然林佳龍主觀上希望能有長期經營新北的後起之秀，能承擔起此次參選新北市長的重責大任，但綠營包括蔡英文總統在內，都認爲只有林佳龍才有贏過侯友宜的機會。也因此，林佳龍選擇承擔責任，接受民進黨的徵召提名。不僅如此，他還在最短的時間內組成最堅強的團隊，同時透過對新北發展狀況的徹底檢視，提出具體可行的政策，希望找出一條翻轉新北的路。以下，我們用文字與照片，紀錄林佳龍如何以行動來努力實現這個「不可能的任務」。

接受徵召，決戰雙北！

2022.07.10臉書貼文

今天佳龍接受民進黨選對會的決議，接受徵召，代表民進黨參選二〇二二年新北市市長，承擔責任！

這段時間，佳龍曾經多次公開表態，不會投入新北市選舉，而是積極準備台北市長的選舉。對這樣的轉折，有人熱切支持，也有人困惑不解，情緒發展劇烈，隨著今天的徵召拍板，塵埃落定。

我必須對所有關心這場選舉的人說明。佳龍的從政歷史，都在尋找為台灣人民做事的機會跟場域，我的價值理想，從學生時代，一路走來始終堅定而執著。

從二〇〇五年，我四十歲出頭，首次從台北到台中參選，便一直留在台中耕耘。爾後，我有機會成為台中選出的立委、有機會成為台中選出的市長，有機會把自己從一個學者、政務官，蛻變為實戰的政治工作者，我要感謝台中給的養分，讓我接受了民主的洗鍊，也擁有了磨練城市治理的寶貴經驗。

二〇一九年，我回到中央行政團隊，到交通部服務，儘管我們努力做了許多事，卻在我任內發生令國人心碎的太魯閣號列車事故，這是我從政生涯裡最難承受的傷痛。今後，不管是回頭望還是往前看，這個痛永遠不會消失，而是將成為我持續實踐參政與推動改革的決心。

政治永遠是影響人民生活最大的本源。我積極爭取參選台北市長的機會，並非僅僅因為我來自台北，而是在我擔任台中市長時，曾積極促進縣市合併升格及升級，推動成立中彰投苗治理平台，不分藍綠，落實周邊城市聯合治理，人民共好。我從「跨域治理」與「數位治理」的思維出發，聚焦以台北為中心的首都圈治理研究，同時積極表達參選意願，是希望能夠帶動首都生活圈的整體升級及近千萬人民的更大福祉！

今天，非常感謝蔡英文主席及黨內同志，支持佳龍所推出的北台灣首都圈願景，並且認為雙北雙箭頭能同步帶動首都圈治理，促進北北基桃的繁榮與進步，而新北市的人口最多，其行政區域範圍更為龐大，正需要佳龍結合過去的治理經驗，才能加速發動北台灣的發展引擎。

我的一生都在磨劍，我的價值理想，執著甚至頑固，戰場在哪，我就在哪！

號角響起，我們揮劍出征！決戰雙北，與陳時中部長並肩作戰！為大台北首都圈而戰！為台灣人民而戰！

「二〇二二民主進步黨台北新北市長候選人提名記者會」的參選宣言

2022.07.13

今天佳龍獲得民進黨正式徵召提名，代表民進黨參選新北市長，民主選舉，每一回我們都在締造歷史，能夠參與新的歷史，佳龍備感榮耀。謝謝蔡英文主席、選對會、還有全體黨員的信任，我將承擔，準備出征，我將凱旋勝利！

新北市是台灣第一大城，有超過四百萬的人口，這四百萬人口，有許多是來自不同縣市，從外地來北部打拚的子弟，包括我的家鄉雲林。新北從過去的台北縣升格後，正在形塑「新的新北認同」，這樣的認同，必須建立在新的驕傲、新的文化、還有全新的志氣上。新！就是一個符號，首都圈願景將以雙北雙箭頭，互相牽引，互相競爭，然後創造北北基桃共好的目標，讓北台灣一千萬人口在這樣的願景裡，創造幸福的未來。

新北市的發展缺少的不是地理條件、也不是人文素養。各位知道新北缺少的是什麼嗎？是一份具備雄心壯志的建設藍圖，還有一位有雄心壯志的市長。

沒有錯，過去我曾經爭取選台北市長，因為我認為台北市是驅動北台灣發展的關鍵城市，很可惜，這幾年功能耗弱，許多建設跟城市的品質也被其它亞洲城市不斷超前。一個市長應該有夢想，雙北市長應該要做同一個夢，一個要讓北台灣人口能夠一起幸福的夢。我過去以台北做樞紐來思考北台灣願景，現在黨既然徵召佳龍參選新北市長，那麼佳龍將帶著更大的動力，要讓新北超越台北！

我要非常感謝曾經選過新北市長的蔡英文總統，我要感謝蔡英文總統的信任還有託付，即便我是這麼難搞，您還是帶著信心把這個重擔交給我。這就是民進黨的精神，因為我們有共同的目標，所以我們永遠能團結為台灣，尋找為台灣人民做事的機會。謝謝蔡英文總統的信任！

新北市有山有水，北邊有東北海岸的無敵海景，南邊有雪山山脈的高山與森林。東邊是一望無際的太平洋，西邊緊鄰著航向世界的桃園國際機場和台北國際商港。放眼世界，所有的高科技產業都會選擇落腳於風景優美、交通便利、宜居生活的城市。因為年輕人追求的不僅只是高薪，也包括良好的生活環境與隨手可得的戶外活動，新北市有這樣的條件。

未來，新北市的新市區要規劃開發，舊市區要翻新改造。新北市長必須要注重美感，在都市的規劃藍圖裡，重視文化的發展，重視生活的品質，重視市民的福利，重視國際的交流。〈新的新北認同〉要創造的就是新的驕傲、新的文化、還有全新的志氣，這也就是「新北市的志氣」！

首都圈願景的十二門課，還少了第十二門課，那就是新北要選出願意做夢，願意做事，勇敢承擔的新新北市長！

林佳龍是做事的人，號角響起，我接受民進黨徵召提名，競選新北市市長。侯友宜市長，請接下我的戰帖！

我們期待新北市：產業大振興、建設大翻新。

二〇二二決戰新北！雙北雙贏，也祝福陳時中部長高票當選台北市長！

來自各方的推薦與期待

自從林佳龍接受民進黨的徵召，決定參選二〇二二的新北市長後，立即接收到各方的鼓勵和支持。其中，最大的支持當然是來自蔡英文總統。在雙北提名進入最後階段時，蔡英文總統兩天就內就與林佳龍面會三次。

蔡總統一句：「這場選戰，是我們這個世代要一起打的仗，不論結果如何一起拚，我要讓最強的人上戰場，歷經這過程後，會有新一代接替上來。」點燃林佳龍內心的熱情，也讓他回想起當年自由之愛、野百合學運時，為台灣民主化運動奉獻的使命感。

其實，自林佳龍請辭去交通部長後，蔡總統就一直十分關心他未來在政治道路上的發展，也認為林佳龍必須從選舉再站起來。加上游錫堃院長也以老長官角度提點他：「如果有機會應該要接受挑戰拚拚看」，也讓林佳龍義無反顧決定參選新北市長。

蔡總統約林佳龍談話的那天，鄭文燦市長也在場。鄭市長非常認同蔡總統所說「民進黨中壯代、學運世代的人都要上場，將民主的精神一棒接著一棒傳承下去」的談話。野百合世代必須要爲台灣發揮自己的影響力，並讓更多的後進能夠接棒，在前輩們所打下的基礎上繼續前行。

因此，鄭文燦市長在選對會確定要徵召林佳龍後，號召黨內擔任縣市長的中生代，一同召開「推薦新北市長候選人」民進黨籍縣市長聯合記者會，表達學運世代及民進黨籍縣市長對林佳龍承擔新北市這場關鍵戰役的期待與支持。他們相信，林佳龍絕對有這個能力可以承擔起這場牽動二〇二四總統選舉的關鍵一役。同時，他們也肯定林佳龍過去在台中市的城市治理經驗，以及在交通部的行政歷練，他們一致認爲，林佳龍必定能夠讓新北市升格又升級，爲新北市的市政治理開創新的紀元，同時帶領年底選舉進入新的階段。

以下紀錄了記者會上，桃園鄭文燦市長、高雄陳其邁市長、台南黃偉哲市長、嘉義翁章梁縣長、屏東潘孟安縣長與基隆林右昌市長支持林佳龍參選新北市長的發言，以及蘇貞昌院長、陳建仁前副總統、蔡英文總統與賴清德副總統的推薦。

>>>桃園市長鄭文燦

「謝謝大家，其邁市長，偉哲市長，還有翁章梁縣長，還有線上的三位首長！各位好朋友大家好！我們在第一線承擔地方首長的職務，其實我們都很了解地方首長很重要但也不好做，許多工作就是包羅萬象，這一次雙北，特別是新北市的提名，新北市是我們台灣最大的直轄市，人口將近四百萬，主要的居民都來自於各縣市。那麼新北市長的提名也會牽動整個二〇二二所有的選舉的佈局，我們希望每個縣市都很重要，但新北市一定要推出最強、最好的候選人。根據民調顯示，佳龍在新北市得到最大的支持，所以站在我們中生代的立場，我們希望能夠做佳龍的最好的後盾，給他最大的支持，爲台灣承擔最大的責任。所以特別我跟經過幾位首長聯絡，大家的共識都一樣，希望能夠推薦林佳龍來承擔新北市，當然選對會跟中執會後續還會開會討論，我們希望我們今天的記者會也能夠表現表現民進黨中生代團結，共同面對各種挑

戰，那新北市也一定會在如果提名了林佳龍擔任候選人，我們也一定會給他最大的支持跟奧援，我相信選舉的結果非常接近我們的期待，最後還是希望民進黨是一個團隊我們大家對共同目標而努力。」

高雄市長陳其邁

「各位首長、各位夥伴大家午安，佳龍在學生時代就是學運的領袖，也引領台灣在民主改革的過程裡面，推動民主的改革和鞏固，我們都看到林佳龍市長可以說是無役不與，參與了台灣的民主改革。在中央、地方有傑出的歷練跟表現，同時深具國際觀跟論述能力，那我相信佳龍市長絕對會成為新北市的新好市長，也期待由於佳龍兄的帶領不僅能夠讓新北市能夠更進步 同時也能夠成為領頭羊進一步推動台灣在地方治理更多的改革。所以在這裡特別來表達支持佳龍全力以赴、爭取新北市長的勝選，我相信不僅是首都圈重要選舉，同時也跟地方治理改革至關重要，還有台南、嘉義地方首長民進黨執政縣市的首長，人家都樂觀其成、做好準備，跟佳龍市長一起在這場選舉中共同打拚。」

台南市長黃偉哲

「我看到這段時間很夯的電玩遊戲三國，裡面要請孔明出來有一個很重要的隆中對，我想民進黨的『龍中對』就是新北跟台北。林佳龍經過社會各界，包括黨內的許多前輩，還有好朋友們，大家一直很努力邀請佳龍能夠出來爲黨一戰，爲台灣而戰！我們知道其實未來國家好的擘劃需要好的人才，佳龍不管是擔任國安諮詢委員、新聞局長、台中市長與交通部長，不管在外交國防、市政建設、交通建設都是不可多得、最好的行政人才，相信林佳龍能帶領全台灣最大的城市新北市邁向新紀元，我們爲佳龍加油，謝謝！」

嘉義縣長翁章梁

「謝謝文燦市長，還有其邁、偉哲，今天在這邊坐的四位剛好都是學運世代的好朋友。佳龍在我們當初搞學運的時候，實際上他就是在整個台大裡面，不管在論述或是在策略上，他就是領頭羊。大家都知道我們縣市長在整個選戰裡面是扮演母雞的角色，我們集結、聯合九合一地方選舉的候選人能夠當選，整個台灣來看有兩隻母雞是非常重要，一個就是台北市，一個就是新北市，這兩隻母雞是可以影響包括整個戰局，會對整場戰局場起到一非常重要的作用。所以黨提名什麼樣的人能夠穩住戰局當是重中之重，所以今天特別來推薦佳龍。佳龍從學運時代就具有相當強的論述能力，包括他對事情的觀察，跟學者身分有很大關係，所以他對事情的掌握度包括對事情的理解能力、統合、統籌能力都非常強。佳龍當交通部長時，常常就觀光議題跟業者接觸，很接地氣聽觀光業者意見，到現在爲止很多觀光業者還是很懷念佳龍過去在很多的觀光政策上很接地氣的幫助以及疫情期間防疫觀光上的表現。所以我認爲佳龍是一個非常合適來扮演所謂民進黨這次縣市長的母雞的一個角色，我想他對於整個市政的擘劃跟規劃這部分的能力，其實是被考驗過的，是毋庸置疑的，我們在這邊很誠懇的希望黨中央可以提名佳龍來競選新北市長！」

屏東縣長潘孟安

「大家好我是屏東縣長潘孟安，林佳龍是民進黨中生代的優質人選，有豐富的學經歷，在地方深耕、在中央鍛鍊，絕對是治理城市的最佳選擇，謝謝佳龍扛起重擔，擔任新北市最強母雞，和民進黨全國各縣市首長一起打拚，在民進黨主席蔡英文的帶領下，年底大選拚出勝利！新北市有將近四百萬的人口是很多其他縣市民眾的新故鄉，也有不少來自屏東移居的鄉親，我要請熱情的屏東人支持林佳龍讓新北的城市與山海都能迎向光榮，我相信只要願意勤跑擘劃市政新北市民一定會認同翻轉新北。我支持林佳龍，新北要贏！我對林佳龍有信心！佳龍加油！新北加油！民進黨加油！」

基隆市長林右昌

「大家都知道新北市的選戰是一場艱困的選局，佳龍現在參選我想是對蔡英文總統最大的支持，也是爲黨承擔，也爲整個選戰打開新的局面。這次的選戰不是林佳龍個人的選戰，是全民進黨上下，包括府院黨、所有中生代、新北市立委、市議員候選人的共同選戰，林佳龍的資歷及對政策的了解，以及對區域發展的擘劃我相信一定能爲新北市擘劃新的發展可能，以及實際可行的政策。所以我非常願意推薦支持佳龍參選新北市，也希望全黨上下大家一起團結打贏這場選戰！」

蘇貞昌院長

在林佳龍被徵召後，衝衝衝的蘇貞昌院長第一時間也組織了與民進黨新北市議員參選人的便當會。二〇一八年與侯友宜競選過新北市長的蘇院長成爲林佳龍參與這場選戰最有力的後盾。蘇院長非常關心新北市各項建設的發展，擔任院長後也給予新北市許多建設預算上的協助，包括補助捷運環狀二期一千四百億、四個交流道一百多億，板橋停車場四十三億、新北學校教室改建經費六十六億。蘇院長肯定林

佳龍在擔任交通部部長時的規劃執行力以及應變力。

蘇貞昌院長對林佳龍說，因爲林佳龍過去在交通部時對國旅的補助以及相關產業的大力幫忙，到處都有業者站出來幫林佳龍加油。蘇院長也讚許林佳龍在交通部長任內解決問題的能力，不僅讓基隆「輕軌變捷運」、還增加十多年無法解決的汐東線，淡江大橋、淡北道路、關渡新橋也都在林佳龍擔任部長時大力推動，同時也有所進展。新北現在最需要林佳龍這種快速、有效率的人擔任市長，蘇院長強調，相信以林佳龍的學識、經驗與能力：「一定能爲新北做最好的服務」。

陳建仁前副總統

在這場新北市的選舉裡，還有許多人爲林佳龍送來溫暖跟支持。從小在新北萬里長大的現任副總統賴清德，以及前副總統陳建仁，成爲林佳龍競選團隊的榮譽主任委員。

陳前副總統同時是台北市陳時中候選人競選團隊的榮譽主委，雙北雙箭頭，兩位市長參選人齊心爭取打造北台灣首都圈的機會，一同來爲年底贏得勝選衝刺。陳建仁前副總統以他女兒在台中市的居住經驗爲例，爲林佳龍加油打氣。

陳建仁前副總統認爲，林佳龍在台中市長任內無論社會住宅、社會福利、弱勢照顧都面面俱到，因此很有經營直轄市的經驗，「這對新北市相當重要」。因爲新北市在這十幾年來沒有預期中的進展，還有很多可以更上層樓的地方。而林佳龍不只有台中市長經驗，也擔任過交通部長，相當有理念、規劃和擘畫能力，相信林佳龍能打造新北成爲國際化都市。陳前副總統認爲，未來在政見上林佳龍一定也會和台北市長參選人陳時中有充分地合作，讓整個首都圈有更美好的發展。他說：「好的政治家就是要把權力當作服務，而林佳龍就是這樣的代表」。他認爲，林佳龍無論擔任什麼樣的職務都全心全意服務民眾，林佳龍就是新北市需要的候選人，可以「make difference」，讓新北市變得完全不一樣！

“好的政治家，
就是要把權力當作服務，
林佳龍就是這樣的代表！”
——陳建仁
TVBS
TAIWAN

而在「二〇二二民主進步黨台北新北市長候選人提名記者會」上，蔡英文總統更是大力推薦林佳龍。以下記錄蔡總統在民進黨雙北候選人提名記者會上的發言。

蔡英文總統

「我宣布，我徵召林佳龍同志參選新北市市長。新北市是人口最多的直轄市，是最有發展潛力的城市，挑戰更大、責任更大，需有有經驗有歷練具有國際觀的市長。

我自己曾經參選過新北市長，也是新北市民，對於市民對城市發展的期待有深刻的認知，我希望在這次提名的過程，能夠爲市民找出最好的人選，帶領我們新北市走向現代都會的同時，也能和台北市共同發揮北台灣發展領頭羊的功能，我始終相信佳龍是最佳的選擇。

佳龍從學生時代就投入民主改革，在擔任公職後從地方到中央，不論在任何崗位上他都爲了公眾利益，全力拚、全力衝。幾天前我們的執政縣市首長，也共同召開記者會來推薦佳龍，肯定他的好表現。對於市政，佳龍具有高度前瞻性，他說過首都治理圈要加重新北的角色跟功能。

我自己也是新北市民，我有信心佳龍就是最強的候選人，能夠開創新的新北認同，展現新北的全新的自信。在疫情初期陳時中和林佳龍曾經一起合作，將病毒阻絕在境

外，未來陳時中和林佳龍組成的雙北雙箭頭，一定可以強強聯手，整合台北、新北、基隆、桃園的力量，跨北台灣首都圈，讓我們的北台灣的首都圈一起建設、一起進步，爲北台灣整體的發展開創下一個新局！」

賴清德副總統

老家在新北市萬里區的賴清德副總統，更是選擇將他全國輔選的第一個行程從新北出發，展現出他對林佳龍參選新北市長的重視與期待。以下是賴清德副總統在其於板橋的第一個輔選行程上，支持林佳龍參選新北市長的發言：

「今天來其實我有很重要的話跟大家報告，當前的國際局勢非常複雜，台灣的挑戰非常非常大，蔡英文總統冷靜理性，秉持和平對等民主對話四個原則處理兩岸關係，受到打壓不退縮，也不願意走回對抗的老路，這樣的政策

深深受到國際社會的肯定與信賴。尤其新冠肺炎這兩三年期間，台灣人民團結合作成功防疫，我們不僅僅有能力照顧自己，還有能力幫助其他的國家，國際社會都認爲台灣是世界上一股良善的力量。再加上這疫情期間，國際上不僅僅看到台灣的公共衛生的能力，全民的團結也看到台灣產業應變創新的實力，特別是半導體護國神山。

國際社會都認爲在地緣政治衝突、產業鏈重組的時候台灣是非常關鍵的一個國家，這個都是我們大家共同努力的結果，也就是我們已經走在正確的路上。而且我們的成果努力也受到國際社會的支持。所以你看看雖然中國對台灣的打壓無所不在，日益增強。但是你看看包括美國國會議長佩洛西女士，還有日本、美國、歐洲參眾兩院不分黨派的國會議員，甚至官員都陸續來到台灣，表達對台灣的肯定與支持與希望維護印太的和平跟穩定。

因此，我要敬請全國的父老鄉親能夠做蔡英文總統的後盾，讓他更有力量，幫助台灣解決面臨的國內外各種挑戰，大家說好不好！年底的選舉敬請全國的父老鄉親能夠鼎力支持民進黨所提名的縣市長候選人，讓蔡英文總統更有力量，更有民意基礎來解決各項的問題，在新北市就是要支持林佳龍好不好！

民主政治沒有人可以做永遠，都有任期的限制，在改選的時間也是對縣市長、縣市政再做檢驗與檢討。十一月二十六日就要來進行九合一的選舉，縣市長與議員通通都要改選，新北市的市政到底做的好不好，我相信大家都有不一樣的看法，我們也不用爭論，我希望大家能夠接受具有公信力遠見雜誌的評鑑，來作爲評論新北市的市政是好是壞的依據，大家有贊成嗎！

遠見雜誌每年都對全國二十二個縣市做評鑑，縣市長個人與八大施政方向的市政評鑑，以新北市來說，二〇一九年侯市長第一年四顆星，但二〇二〇到二〇二二都是五顆星，但是他的施政到底如何？二〇一九年他的成績是四顆星，但是施政第一年新手上路我們先不拿來比較，我們比較二〇二〇到二〇二二這三年侯市長的施政，大家說好不好！我跟大家報告二〇二〇年他有四項第一名，分別是醫療衛生、環保、道路交通、消防公共安全、這四項第一名，他的教育全國第二名，觀光休閒第四名，經濟就業第五名，最後一項治安讓我們比較意外第九名，結論來說二〇二〇年的成績算不錯，但是如果詳細看下去，去年跟今年的成績來比較，你就會發現很意外，成績不斷在退步。

以醫療衛生來說，從第一名退步到去年的第二名，今年的第三名，消防從前年的第一名退步到去年的第二名到今年的第五名。道路交通從到前年的第一名退步到去年第八名到今年的第十二名。消防公共安全從前年第一名到去年第三名到今年第十二名。教育前年第二名到去年第三名到今年第九名。觀光休閒前年第四名到去年第四名到今年第十三名。經濟就業前年第五名到去年第五名到今年第七名。治安前年九到去年十一到今年十七名，換句話說，雖然個人他是五顆星，但新北市的市政是大大退步。尤其是今年的市政成績已經退步到八項施政指標裡面沒有一項第一名，也沒有一項第二名，只有一項醫療衛生第二名，環保第五名，其他都退到五名以外，甚至第十一名以外，所以這種成績大家說好還是壞？什麼原因大家想看看？前年二〇二〇年成績不錯，爲什麼去年已經退步，今年又退步更多？

我要向大家報告，這些退步不只單純數字而已，他代表我們新北市的人口在減少。去年新北市的人口是四百零三萬九百五十四人，今年是四百萬八千一百一十三人，如果再繼續退不下去人口很快就會跌破四百萬，大家相不相信這很嚴重。除了人口減少，失業也在提高，二〇一九年新北市的失業是3.8％，二〇二〇年是3.9％，去年是4％不斷增加，所以我要向大家報告，新北市雖然市長遠見雜誌評鑑五顆星，但是這是他個人的名聲，跟市民的生活有關是市政的推動，大家說對不對！我們一定要爲了新北市的未來發展支持林佳龍市長好不好！好不好！

如果侯市長繼續做下去，新北市會變得像台北市一樣人口不斷減少，工商發展會受阻，台北市現在少一個副市長，這是很嚴重的事情。但我們爲什麼要支持林佳龍市長？我跟林佳龍市長是好朋友，我對他相當熟識，他是我們建國中學、台灣大學畢業，美國耶魯大學政治學博士，當過國安會諮詢委員、立法委員、台中市長跟交通部部長。換一句話說，他是一般家庭的孩子，認眞拼命讀書後也經過很多考驗，有中央跟地方的經驗，來接我們新北市市長這是最適合的，特別是剛剛大家有聽到林佳龍市長對他市政簡單的報告，覺得讚不讚？

我簡單跟大家做一個結論，林佳龍市長對新北市的規劃是站在國家整體的角度在規劃的，希望和台北市聯合一起來處理，基本上剛剛的報告裡面有包括四大政策目標、十二大政策願景還有一百項的具體政見。我們看他擔任台中市長、交通部長解決各項事務，我想如果他能夠順利高票當選，帶領新北市絕對有能力翻新新北市！大家說對不對！讓林佳龍當選好不好！讓林佳龍當選好不好！

今天如同主委所說，是清德六月底開刀，休息一段時間後出來助選，第一站就來到清德的故鄉新北市。除了表示清德對故鄉的關心之外，也是懇請故鄉的父老一定要全力支持林佳龍！不論是爲了做蔡英文總統的後盾支持林佳龍也好，還是爲了支持新北市未來的發展，不要讓新北市再繼續退步，讓好的人才有比較好的發揮空間來帶領新北市進步。我們都應該在十一月二十六日勇敢出來投票，全力支持林佳龍好不好！

最後如同林佳龍所說，市長要當選！議員也要全壘打！」

學界挺龍翻新新北連署書

領銜聯署人／前衛生署長李明亮

我們是一群長期關心北台灣發展，希望國家史美好的學者。選舉不能只是藍綠對決，身爲知識分子的我們，期待在新北能夠選出眞正有願景規劃，有整合能力與執行力的市長，拋棄本位主義，爲市民帶來幸福，讓新北翻新大發展。

林佳龍從大學時期領導學生運動，追求台灣民主化改革，到學者從政，在中央與地方幾十年的歷練與經營，展現出堅持民主人權基本價值、擘劃國際級城市發展藍圖遠見，推動國家與城市創新及永續發展、關懷基層社會等正面價值。體現我們所認同的理想政治典範。

如果佳龍當選新北市長，對於北台灣區域整合，產業整體發展與社會福利的提昇，將有重大意義。這是我們願意公開支持他的主要原因，以下是我們發起連署的說明：

一、**林佳龍具有改變社會的初衷與理想性，而不是單純爲了追求權力**。許多政治人物起初很有理想性，能力也很出色，但從事公眾事務多年後，便逐漸忘記從政初心。林佳龍從政生涯絕非一帆風順，爲何能夠越挫越勇，堅持而不放棄？我們相信是因爲他的人生觀抱持著擁抱社會，進而去影響與改變社會的樂觀與積極性。他仍然懷抱著初衷與理想性，而不只是權力動物。

二、**林佳龍眞誠、執著、傾聽、充滿行動力、讓你看得到**。學者從政常被批評空有規劃，沒有實踐，缺乏毅力，高高在上。但林佳龍出身艋舺西裝店的基層家庭，從小知道爲了明天，今天就要自己動手打拚的人生哲理。而參與政治就應該接觸人民、扎根基層，傾聽民眾的心聲，把別人的事當成自己的事，名片上有手機，貫徹【看得見林佳龍】的行動主義。

三、**林佳龍具有跨越台灣，跨越新北的視野、願景與志氣，眞正帶領新北翻新，成爲國際有競爭力的都市**。一個只想到自己利害關係的政治人物，或許可以營造出相對傑出優秀的公眾形象，但卻很難成爲凝聚眾人之志，實踐台灣共同願景的領導者。林佳龍從地方到中央各階段的歷練，都企圖超越自己的角色，以更大的願景與規劃，輔以眞誠的行動，去號召與整合其他關鍵利害關係人的共同參與，並共享其成果。從中台灣區域治理，花博，交通科技產業會報，到北台灣軌道運輸整合，我們都看到林佳龍的桶箍特質。他宣布參選後所提出的一百項願景與政策，有非常多都具備跨域治理與協作的性質。我們相信他有格局，能放下本位主義，爲北台灣的區域發展做出成績。

四、**林佳龍關心長者，投資青年與未來，貫徹以人爲本的施政**。學術界扮演培養國家未來人才的重責大任，普遍認爲台灣當前最大的內部挑戰，來自於人口結構的長期失衡，必須從社會投資的角度來加以改變。林佳龍所提出的老人裝假牙，青年成家基金，青創貸款補貼，廣設社會住宅等政策，都是社會投資的一環。如此以人爲本的施政主軸，值得我們共同支持與鞭策。

新北需要林佳龍來治理。如果他當選市長，我們願意持續提供市政建言，俾帶來進步的政治與施政。如果您認同，爲新北，也爲台灣，請您加入我們的連署！

新北大翻新的志氣

大格局．翻轉軸線．新市政願景

面向世界時，新北市的名稱是New Taipei City。這意味著新北市不僅是個比台北市還要新的國際城市，也被期許能成爲超越台北市、成爲一個比台北市還要進步的城市。

遺憾的是，新北市雖已自台北縣升格十二年，預算也增加一倍，但在侯友宜以副市長與市長身分主政十二年後，新北市的市政並未隨之升級。這幾年在遠見、康健與天下雜誌所做的多份城市大調查中，新北市在包括治安、社福、國際化等多項指標的排名逐年下降。侯友宜無力也無心促成新北的升級翻新，這也使得新北市民十二年來始終無法感受到新台北、新首都與台灣最大城市該有的格局與志氣。

新北市急需大翻新

過去十二年來，侯友宜反覆說著：「要好好做事、要把事做好。」但侯市長只依照守舊的行政思維來埋頭做事，卻未曾認眞思考新北市究竟「新」在哪裡。十二年過去了，新北市在家庭收入、家庭可支配支出與各項工商指標上，有十二項在六都市是最後一名，還有十項是倒數第二名。不僅未能超越台北市，成爲新的台北市，近年來甚至已遠遠落後桃園市。

根據《遠見雜誌》連續四年縣市施政滿意度調查中，新北八大施政指標年年退步，市民最關心的治安全國排名竟然掉到第十七。而在《康健雜誌》所做的二〇二二「健康城市大調查」中，新北的全國排名十三，是繼二〇二〇第六、二〇二一第九後，再次名次下降，也是六都中排名最差的城市。最後是《天下雜誌》所公佈的「二〇二二幸福城市大調查」，新北市在縣市競爭力總排名、經濟力和文教力等指標都在六都吊車尾。

這是爲何新北市民的光榮感與幸福感在六都中是後段班的原因，也是爲何越來越多的新北青年選擇離開新北，到鄰近的台北或桃園工作與生活的理由。有心意問鼎二〇二四總統大位的侯友宜，吃碗內看碗外，以至於無力也無心推動新北市該有的市政建設。

新北市要用大格局來翻轉軸線、重新定位

擁有四百萬人口的新北市，是北北基桃首都生活圈中，唯一與其他城市都有連接的核心城

市，是具有轉動雙北雙引擎、雙蛋黃、雙子星的重要承軸地位。不僅如此，新北市位居面對國際的台北海空雙港的重要門戶，連接台北港填海造陸的一千公頃土地，也與桃園航空城計畫八百公頃產業專區相互依存，深具產業發展的區位優勢。

新北並不是台北的衛星城市，而是首都圈的樞紐城市。新北市與台北市要在淡水河二岸同步成長與相互競爭，形成大台北首都圈發展的雙引擎與雙子星。從國土規劃的角度思考，由於新北市北接基隆形成北海岸生活圈、南鄰桃園成爲國家新門戶，新北市的發展要突破，必須改變過去過度依賴台北發展的模式，必須翻轉過去只面向台北的軸線，轉身直接接軌國際。

新北市人口主要集中於大漢溪南、北二岸。北岸的三重、蘆洲、新莊和南岸的樹林、土城、中和與永和，包圍新北政經中心的板橋，形成人口三百萬的大漢溪生活圈。這是塊不論人口、面積，或是產業發展與創新研發能量，都不輸台北市的核心區域。

新北市的發展軸線必須翻轉，從面對二點鐘方向的台北市的衛星城市轉向，同時改變原點來面對十一點鐘的海空雙港，讓林口與八里成爲貨出去人進來的門戶，讓蘆洲、五股、泰山、新莊構築的溪北產業走廊成爲新北最重要的產業基地，以智慧、創新、科技、環境爲主的科技產業，串聯鶯歌、樹林、土城、中和的產業園區，讓新北產業大發展。以新北核心出發，往南，我們可以透過智慧城市導入新店連結三峽、烏來、坪林、石碇、深坑。往北，則有連結北海與基隆河谷門戶的汐止，構築山海連線的發展軸線，這兩條廊帶如同螃蟹的雙螯緊圍台北市，促成雙北的共同發展。

目前新北市擁有全台生產力最旺盛的八大工業區，不僅是電子五哥的生產研發基地，也是包括許多國際大企業落腳的所在。此外，新北還擁有台灣國家海洋門戶的淡水八里台北港，以及擁有豐富觀光資源的北海岸與東北角，同時與基隆和宜蘭串聯成台灣最美麗的海岸線。

過去的新北市，總是在思考如何依靠環狀線與五十二座橋梁來連結台北市。但新北市的眞正機會就在新北，未來新北市的核心區域要透過「淡北捷運」的興建，串聯三重、蘆洲、五股、泰山、新莊、板橋到土城，並與環狀線、中和新蘆線、機場捷運、板南線、萬大線可以共站轉乘，讓新北核心區域的交通四通八達。我們同時還將串聯高快速公路網，在林口、五股、汐止、金城、中和等五大交流道增設匝道，也要將台六十二、台六十四延伸串連，讓新北的車流、物流空中交叉轉換，降低地面交通的擁塞。

未來的新北市將運用科技與觀光的優勢，成爲國際進出台灣的重要門戶，同時也將發展深具新北特色、讓新北產業可以大展身手的會展地標，以新北新首都的志氣與格局直接連結國際，帶動首都圈產業與生活的整體發展。

新北市需要新市長來帶動市政新願景

從台北縣時期到現在的新北市，國民黨主政十七年期間，城市的發展相對緩慢，讓新北錯失轉型升級的大好機會。這也是新北市需要新市長的理由，新北需要新市長從人本關懷、市民主義的角度出發，透過擴大與國際和科技產業的鏈結，輔以跨域治理的前瞻思維與數位創新能力，提出新的市政發展願景。

佳龍以自身的國際與產業經驗爲基礎，推出新北大建設、新北大發展、新北大溫暖與新北大平台等四大領域的二十項市政願景，還有超過一百項的政策計畫，要讓這個升格十二年卻沒有升級的城市徹底大翻新。我們將投入六十五歲老人裝假牙、敬老愛心卡增加點數擴大使用項目、青年成家基金、廣建社會住宅、倍增公托幼幼班等具體政策，不僅要照顧長輩，同時也要分擔青年就業創業與成家後的生養育重擔。

未來透過蘆洲銀河灣、五股垃圾山、新泰塭仔圳、永和大陳重劃、土城司法園區、新店十四張、淡海新市鎮等新營運計畫的投入，我們要改變城市的面貌來持續繁榮，我們也將透過交通建設連結溪北產業軸帶、北海岸觀光與智慧創新產業的發展，以新的一千公頃的產業園區，發展新北六星產業軸帶，讓新北市民的就業機會充足。

新北市也將利用山海河的觀光優勢，發展海洋國家門戶的觀光產業。透過智慧觀光數位轉型，我們要讓新北的首都觀光圈軟硬體有感改善，運用虛實整合的體驗經濟，讓觀光客的食宿遊購行，創造新北的新經濟與觀光大加值。未來林佳龍將透過願景領導、行動領導與服務領導，帶領全新的新北市政團隊，打造新北成爲新的科技智慧城市、新的宜居觀光城市，同時爲新北市民贏回台灣最大城市應有的幸福感與光榮感！

綠色交通旗艦計畫

交通政策

新北市民每天使用公共運輸的比例與全球城市相比，極度偏低，機車與小汽車仍是新北市民通勤通學生活的主流運具，十年來新北市政府並沒有具體提升公共運輸使用率的做法，汽機車數量持續成長，市民面對的交通安全與環境品質，新北市政府束手無策。如果新北市的公共運輸政策沒辦法有大翻新的作法，這樣的困境會持續。新北必須透過綠色交通旗艦計畫，以政策引導市民通勤通學使用公共運輸，透過費率彈性與經費補助，有效讓市民習慣使用公共運輸。

林佳龍所規劃的「新北綠色交通旗艦計畫」包括綠色交通五百點、敬老愛心卡擴大使用、及首都通交通月票等三大具體政策，目標要在二〇二四年全面落實：

一、透過每位市民每個月發放五百點綠色交通點數，可以搭乘捷運、台鐵、公車客運，及公共自行車，全面落實MR. B&B（Metro, Rail, Bus, Bike）綠色交通計畫。我們希望至少讓三百萬以上市民每天都使用公共運輸一次，降低汽機車使用。此外，綠色交通旗艦計畫也包括四年內增設兩千站公共自行車站位，增加偏鄉一百條市區公車路線、增加觀光圈一百條公車路線、通學通勤跳蛙公車，百條，以及百分之五十以上公車路線使用電動公車。

二、未來敬老愛心卡增值六百點，可搭計程車和火車還有Ubike。新北市敬老愛心卡目前只能使用在公車與捷運，範圍相當有限。對於偏鄉或沒有捷運通過的區域不公平。爲擴大使用量與範圍，林佳龍主張敬老愛心卡從四百八十點，增加到六百點，並擴大使用在捷運、台鐵、公車客運、公共自行車及計程車，並能運用在國民運動中心，讓敬老愛心卡更好用，眞正發揮該有的功能。

三、首都通交通月票，新北台北基隆桃園首都圈通行無阻。首都圈公共運輸使用率，直接影響空氣品質與交通安全，目前雙北一二八〇元月票，只能使用在公車與捷運，範圍有限、交通工具有限，購買率並不高。佳龍主張首都圈四城市應該推動首都通交通月票，擴大使用城市與適用運具，包括捷運、台鐵、公車客運與公共自行車，都可以使用電子月票方式收費。費率可以設計爲一市或多市通行設計，市政府結合交通部公共運輸發展計畫、道路交通安全計畫、軌道相關基金及環保署空污基金等機制，進行有感補助，讓道路交通安全與環境品質提升在新北市成爲示範城市，大幅提升。

除前述三大政策外，林佳龍還將積極串聯完整新北的捷運網絡，同時還要建設更便捷的新北

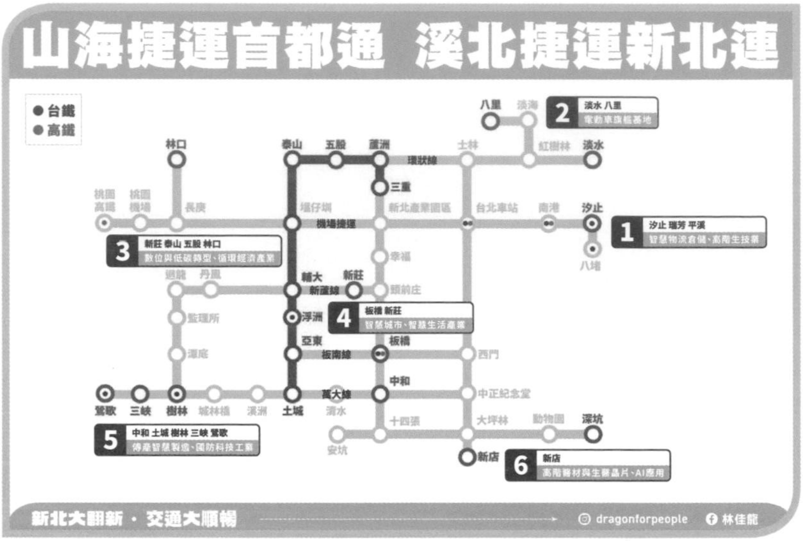

高速與快速路網。

過去新北的捷運在規劃上都以串聯台北市的捷運爲主，新北內部並沒有一條貫穿新北內部的捷運。隨著新北都市的發展，三重及新莊已經和板橋成爲新北三角核心，所以整個交通動線必須有軸線上的翻轉。

林佳龍提出必須興建一條串連溪北的三重、蘆洲、五股、泰山、新莊的捷運，進而能串連到溪南的板橋浮洲到土城。就可以和環狀線、機場捷運、新蘆線、板南線及萬大線交會轉乘。透過溪北捷運就可以完整新北的捷運系統，如果再加上現有的捷運線及八里、深坑、林口的輕軌就可以完整新北的「山海捷運首都通、溪北捷運新北連」的目標。

由於台北港及桃園機場桃園航空城是未來台灣面向國際的重要門戶，新北正好在進出的門戶上，

國際物流進出台灣，雙港將有大量車流物流必須進出新北的工業區及產業園區，完善的高快速公路網就扮演重要的角色。

林佳龍從交通部長開始到現在參與規劃新北交通，就提出要立體化交通的思維，思考平面道路塞車的問題。因此包括淡江大橋，淡北公路新關渡大橋，以及林口、五股、汐止、中和、北土城的交流道工程，還有台六十二、台六十四、台六十五等匝道及延伸的工程規劃，大漢溪沿溪快速公路的興建串連土樹三鶯的工業區、中和南勢交東西聯外道路等，也是新北必須馬上執行的高快速公路網計畫。

海空雙港新軸線，六星產業發展計畫

地方政府不只應該有產業政策，而且必須是協調中央跨部會資源整合的關鍵角色。這幾年來新北許多重要產業發展，其實都是奠基在中央「五加二創新產業」與「六大核心戰略產業」的基礎上。新北作為首都圈系統產業的軸承與樞紐，許多跨域創新與傳產轉型，都需要新的產業用地，以及更智慧化的產業空間與智慧城市服務設施。台北首都圈是台灣系統產業的核心基地，加上台北港、基隆港及桃園國際機場的智慧海空港地理優勢，輔以林口龜山的郵政物流園區的交通優勢，是台灣立足全球產業鏈的關鍵區位。

面對未來快速變化的全球產業競爭環境，數位與低碳轉型的新秩序與規則，市場上新產品與系統服務的不斷創新，如何推動新北大翻新，產業大發展，需要具有視野與規劃的新市長，提出具體可行的產業規劃，破除縣市治理疆界的本位主義，並主動積極整合資源，才能找到新北新座標，翻轉產業新軸線。

林佳龍在交通部長任內，提出智慧海空郵計畫，透過台北港（基隆港）、桃園機場（桃園航空城）及林口龜山郵政物流園區。未來這裡至少能以一千六百公頃的土地爲基礎，讓新北的產業園區從原本面向台北市的兩點鐘方向，轉向面對國際物流人流進出的智慧雙港十一點鐘方向。加上密集的高快速公路網、連結台六十一、台六十二、台六十四及台六十五，兩條高速公路及五大交流道的增設匝道，物流車流立體交叉，避開平面車流，可以四通八達，整個產業經濟就可以快速發展，讓連結新北產業園區的交通能夠有好的配套。

而針對產業用地空間的活化，林佳龍主張：

一、結合中央政策，或善用民間金融相關產業的能量，加速新北產業園區的建設。

二、總目標一千公頃，定位爲科技產業園區，帶動傳產科技化，數位化與循環經濟，中長期創造二十萬工作機會。

三、將新北新設與既有的產業園區打造成爲智慧化園區，爭取中央資源，結合民間力量，讓產業園區成爲內循環經濟的棲地。

四、樹林大柑園等原先設定的後期開發地區，應該調整時程提前啓動，以解決未登記工廠與被迫拆遷工廠的問題。

1 汐止 瑞芳 平溪

智慧物流倉儲、高階生技業

汐止，瑞芳等基隆河谷廊帶引進智慧化的物流倉儲產業與高階生技業。（瑞芳第二、瑞芳都計、瑞芳工業、四腳亭、十分）

2 淡水 八里

電動車旗艦基地

淡海二期設置電動車生產與國家級測試基地，結合八里台北港電動車進出口腹地，達到組裝，測試，進出口驗證的完整群聚棲地。

3 新莊 泰山 五股 林口

數位與低碳轉型、循環經濟產業

溪北的產業塊狀帶（新泰壜仔圳，泰山楓江，林口，擴大五股），以數位轉型與低碳轉型為兩大重點，引進系統整合 SI 產業與循環經濟產業，帶動溪北傳產升級加薪，產業螺旋發展。

4 板橋 新莊

智慧城市、智慧生活產業

板橋與新莊副都心以智慧城市與智慧生活產業為主，零碳示範從指標建築群開始，垂直發展，再水平發展。

5 中和 土城 樹林 三峽 鶯歌

智慧製造 國防科技工業

中和土城樹林三鶯發展非金屬加工類的智慧製造（如食品，紡織，塑橡膠成形），建立國家級智慧製造傳產示範場域及發展國防科技工業。

6 新店

高階醫材與生醫晶片、AI應用

新店發展成為高端醫療生技領域用IC設計與AI應用基地。

新北大翻新 → dragonforpeople 林佳龍

此外，為創造更多內循環經濟與工作機會，同時幫助勞工與青年提升薪資所得，林佳龍主張各區域應該有可以長期發展的產業定位，才能夠持續爭取與挹注中央與地方資源，展開國際招商，捲動產業鍊深耕。針對「汐止瑞芳」、「淡海二期」、「溪北產業塊狀帶」、「板橋與新莊副都心」、「中和與土樹三鶯」以及「新店」等新北主要產業發展區位，林佳龍提出六星產業發展計畫：

一、汐止瑞芳（包含瑞芳第二、瑞芳都計、瑞芳工業、四腳亭、十分）：在首都圈與基隆港的發展概念下，引進智慧化的物流倉儲產業，並承接台北南港的高階生技業。

二、淡海二期：於淡海二期設置電動車生產與國家級測試基地，結合八里台

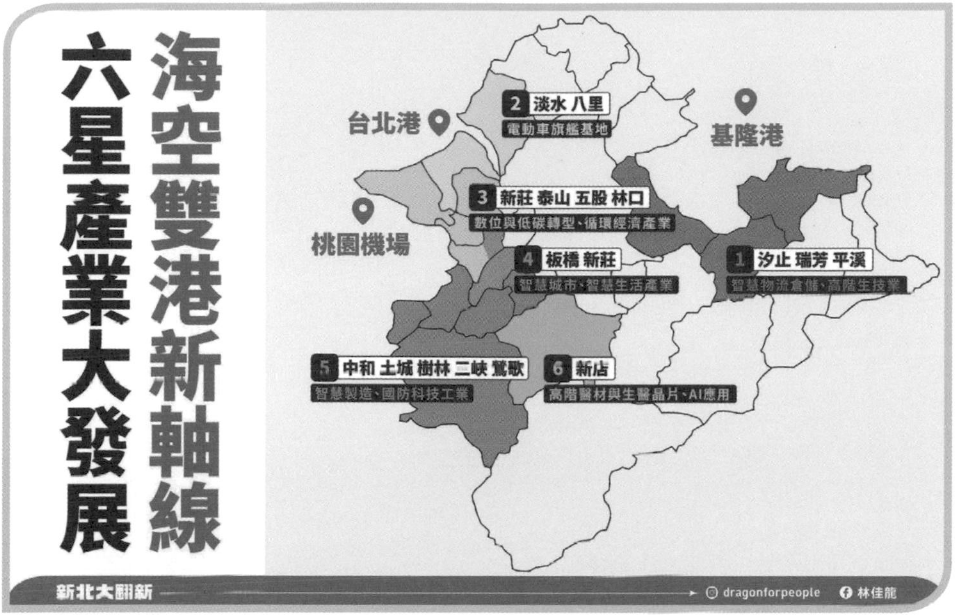

北港電動車物流腹地，達到組裝、測試、進出口驗證的完整群聚。

三、新北產業塊狀帶（新泰塭仔圳、泰山楓江、林口、擴大五股）：以數位轉型與低碳轉型爲兩大重點，引進系統整合SI產業與循環經濟產業，帶動溪北產業升級發展。

四、板橋與新莊副都心：以智慧城市與智慧生活產業爲主，將零碳示範區由指標建築群開始，鼓勵新建築導入，建立垂直發展的示範案例。

五、中和與土樹三鶯：中和與土樹三鶯是傳產與產業機械的大本營，非常適合發展非金屬加工（如食品，紡織，塑橡膠）等智慧製造，可建立國家級智慧製造的傳產示範場域，並銜接桃園產業聚落，發展國防科技工業。

六、新店：新店除了智慧車之外，也是ＩＣ設計與高階醫療器材的研發重鎮。新北在半導體與數位產業應用系統上，除了智慧物流，智慧製造，智慧城市之外，就屬智慧醫療，因此新店將設定爲高階醫療生技領域的ＩＣ設計與ＡＩ應用基地，引進新創並協助指標企業發展。

競選政見

林佳龍提交中選會的新北市長參選政見

2022.08.30

新北市升格十二年，但在侯友宜長期主政之下，不僅整體市政未能升級、市民的城市光榮感亦相對低落。林佳龍將以四大政策主軸與二十項具體政見願景推動新北大翻新。我們要讓新北市升級為國際大都市、要讓新北市民以居住在新北市為榮！

一、推動新北大建設

（一）流域大治理：推動首都圈河川全流域總合治理、串連親水環境、打造水流域博物館、加強污水排放查緝、推動新北市海洋門戶計畫。

（二）交通大順暢：推出首都圈運輸套票、打造溪北捷運、推動智慧交通、加速捷運網與交流道增設匝道、強化停車便捷、確保機車路權。

（三）都市大更新：主動協助老舊市區重建、建立都更輔導機制、大型開發引進智慧城鄉設施、擬定景觀綱要及籌組新北市景觀美學小組。

（四）社宅大推進：規劃動工兩萬戶社會住宅、其中將包括三千戶青年與勞工的捷運社宅、合理化社宅租金、研議公有地興建地上權住宅。

（五）環境大減碳：將逐年汰換市府公務車為電動車、推動植樹四百萬棵、加碼補助老舊燃油機車汰換為電動機車、完備電動車充電系統。

二、促進新北大發展

（一）觀光大加值：打造新北成為國際慢遊城市、升級地方觀光亮點、發展二十九區的地方盛典、發行智慧觀光周遊券整合食宿遊購行的需求。

（二）產業大繁榮：串連新北市科技產業帶、輔導企業數位轉型、規劃智慧城市示範區、發展智慧應用產業、解決工業區用地及容積問題。

(三)青年大補帖：推動新北市青年大使、設置青年議會、成立學生社團輔導辦公室、輔導青年參與國際會議及競賽、建立青年志工平台。

(四)教育大投資：輔導與鼓勵新北市學生在地就學、提高校園網路軟硬體投資、媒合學校跨縣市的交流與協同教學、推動學校國際交流。

(五)新創大基地：成立新北市新創基地、協助產業新創轉型及國際鏈結、加碼補貼青年創業貸款利息、成立創業單一諮詢窗口及輔導團。

三、加值新北大溫暖

(一)社福大貼心：補助長者裝假牙、補助女性凍卵、補助青年成家基金、增加敬老愛心卡點數與使用範圍、增加公托及住宿型長照中心。

(二)治安大放心：增加警消人力、建立性別友善據點、市長主持治安公安道安聯席會報、社區保全納入社會安全網、建立公私協力機制。

(三)運動大健康：設立新北運動局、恢復區級運動大會、倍增運動中心、增設極限運動場所、推動運動防護員制度與整合運動產業發展。

（四）效能大提升：啟動北北基桃宜首都圈治理平台、推動市民與企業參與智慧城市治理平台、提升里長待遇與資源、建立區里服務專線。

（五）動保大進步：完善新北市動物與寵物保護、動保教育向下札根、動物之家升級為動物友善環境、動物友善認證、增設戶外寵物廁所。

四、打造新北大平台

（一）國際大交流：設立新北國際事務局、推動數位公民城、打造智慧韌性防災城市、設立企業永續及INGO中心、舉辦國際盛會及賽事。

（二）創意大解放：成立新北設計基地、打造新北成為設計之都、組成校園設計創意大聯盟、經營新北設計展、強化新北品牌與行銷能力。

（三）文化大復興：鼓勵新北市民提出地方文化及社區創生計畫、推動城市文化主題年、國中小納入多元文化課程、舉辦新住民文化活動。

（四）族群大和諧：舉辦族群文化活動與新北國際節慶、增設新住民服務中心與藝文館、編印美食地圖、培育新住民文化及新南向深耕團。

（五）轉型大正義：新北市設置轉型正義委員會、進行不義遺址與民主地景調查、推動人權廊道與民主觀光列車、加速不當黨產活化利用。

競選活動大事紀

最堅強的競選團隊

雖然起步稍晚，但林佳龍卻在最短的時間內組成最堅強的競選團隊。這個競選團隊，由陳建仁前副總統、現任賴清德副總，以及立法院游錫堃院長出任榮譽主委，並由民進黨林錫耀秘書長出任主任委員。競選團隊總幹事則是吳秉叡委員，執行總幹事則委由民進黨新北市黨部主委何博文擔任。政策群邀請到立委羅致政擔任副主委兼召集人；組織群由立委張宏陸立委擔任召集人；蘇巧慧委員則擔任文宣群召集人。不僅如此，林佳龍還邀請了桃園市長鄭文燦擔任新北市南半邊選區的總督導，同時由基隆市長林右昌待任基隆、新北市北半邊的總督導。此外，發言人群則由何博文議員、李坤城議員、賴品妤委員與李晏榕律師組成。

面對新北市幅員廣大的二十九個行政區，從決定接受徵召開始至本書收稿日為止（九月二十八日），除因颱風與地震取消幾場行程外，林佳龍透過與此次新北市議員參選人的密集合體，加上林淑芬、余天、吳秉叡、蘇巧慧、張宏陞、羅致政、江永昌、吳琪銘、賴品妤等新北市立委，還有林楚茵、沈發惠兩位不分區立委以及原住民立委陳瑩和前立委呂孫綾的積極輔選下，在最短的時間內走遍新北市，成功帶動民進黨的競選氣勢。不僅如此，蘇貞昌院長、陳建仁前副總統、賴清德副總統還有蔡英文總統輪番地爲林佳龍站台，讓新北大翻新成爲越來越有可能實現的願景目標。

以下簡要地紀錄七月九日至九月二十八日這段時間內，林佳龍參選新北市與議員及立委合體的競選活動大事記。

7/9（六）

林佳龍於臉書上貼出一張俯瞰大台北的寫真，指出就城市治理、跨域治理而言，首都治理圈，不能只有台北，也該加重新北的角色及功能，並讓這座新興城市領航整個台灣大步向前走。（林佳龍的出生地萬華，就位於畫面的中央處，橫跨雙北的淡水河畔。）

7/10（日）

林佳龍接受民進黨選對會的決議，接受徵召，代表民進黨參選二〇二二年新北市市長，承擔責任，決戰新北！

7/12（二）

林佳龍出席民進黨新北市黨部第七屆主委何博文與執評委的交接就職典禮。

7/13（三）

民進黨中執會正式通過2022年台北市、新北市的提名人選，黨主席蔡英文與秘書長林錫耀召開記者會，向大家推薦參選人：台北市長被提名人陳時中及新北市長被提名人林佳龍。

林佳龍競選總部宣布發言人為何博文、李坤城。

7/16（六）

林佳龍提出「新北大翻新」作為這次競選的Slogan！

7/17（日）

民主進步黨第二十屆全國黨員代表大會，在蔡英文主持下，林佳龍與民進黨提名的十八位縣市長參選人，一同在全代會大集合。

7/19（二）

林佳龍競選總部將由林錫耀出任主任委員，新北市十二大戰區將由立委林淑芬、江永昌、吳琪銘、吳秉叡、張宏陞、羅致政、蘇巧慧、賴品妤、余天、林楚茵、沈發惠及前立委呂孫綾負責。

賴品妤、李晏榕加入新北發言人團隊。

7/20（三）

林佳龍到台北港出席台灣風電產業發展協會成立大會，更主張要把風電製造與專業倉儲物流作為新北關鍵產業。

7/21（四）

林佳龍下午特別和龍媽到板橋真武廟上香祈福，這也是林佳龍母親乾媽，板橋阿嬤住的地方，林佳龍母親到現在還常來廟裏做志工。這裡有林佳龍從小至今的溫馨回憶。

7/23（六）

林佳龍與競選總幹事吳秉叡立委、組織群召集人張宏陸立委，一起到泰山兩百七十年的宗教聖地——「頂泰山巖」參拜，也代表蔡英文總統贈匾。

7/24（日）

林佳龍在交通部長任內曾向林口竹林山觀音媽許願祈求能夠順利找到路、找到地、找到經費，讓地方期待許久的林口交流道增設南出北入匝道順利完成，今天到觀音寺向十八手觀音佛祖拜拜還願。

7/28（四）

林佳龍傍晚和行政院長蘇貞昌、民進黨新北市立委和多位議員、議員參選人相約板橋老字號美食「油庫口麵線」，一同品嚐飄香三十六年的在地美食。今天「吃麵線」陣容浩大，包括立委張宏陸、羅致政、蘇巧慧、吳秉叡，新北市議員何博文、陳啟能、王淑慧、黃俊哲、戴瑋姍，市議員參選人山田摩衣、石一佑、黃淑君都到場。

7/29（五）

林佳龍拜會新北市議會民進黨團，就市政議題和黨籍議員們請益交流。今年新北市議員選舉，民進黨共有三十七位議員參選人。

8/1（一）

林佳龍競選辦公室正式啟動！

首場願景座談會啟動：林佳龍到三重慈化市民活動中心，和新北市議員陳啟能總召一起舉辦「議員鬥陣拚 新北大翻新」的系列首場座談會，現場來了超過五百位民眾、三重區一一九位里長超過一半以上到場。林淑芬立委、吳秉叡總幹事，競辦發言人何博文、李坤城議員都出席力挺，展現綠營基層團結氣勢。林佳龍承諾，上任後「老人免費裝假牙」和「人均社福預算提升」。

8/2（二）

早上林佳龍與總統府國策顧問呂子昌、前立委呂孫綾、李顯榮、新北市議員鄭宇恩及市議員參選人彭莉惠，一起到淡水清水祖師巖參拜，祈求國家平安。林佳龍提到，在交通部長任內，陸續推動建設淡江大橋、聯外道路立體化連結、西濱快速道路平交路口改善、台北港發展、淡海輕軌、建構智慧交通示範場域等規劃，未來以交通實績為根基，結合觀光發展資源，將淡水、基隆與北海岸，串連成世界級旅遊目的地，讓淡水再度躍上國際舞臺。

8/3（三）

林佳龍到土城震安宮、五穀先帝廟參拜，與立委吳琪銘、議員彭成龍、廖宜琨、林銘仁、高敏慧，及市議員參選人高乃芸、曾進益、卓冠廷、彭一書，祈願上天護佑台灣平安順遂。林佳龍提到，土城是新北市重要的工業區，如何透過重點建設促進產業向前，是嘉惠在地市民、帶動新北發展的關鍵，在擔任交通部長內任，林佳龍針對土城的交通問題，編列預算增設匝道與停車場，讓往來土城更為方便，成為四通八達的產業發展區。

8/4（四）

林佳龍宣布，未來當選後，新北市也將設立「國際事務局」，而雙北所新設的國際事務局，將致力於推動與各國城市的交流，在外交、經濟、文化、數位產業上，建立交流網絡，提升新北國際能見度。

8/5（五）

蘇貞昌院長親自出席汐東捷運綜規現勘，提及新北汐止做為銜接基隆與台北重要的交會點，而林佳龍在擔任交通部長時，促成「北北基軌道路網政策溝通平台」，邀請基隆市長林右昌、台北市長柯文哲、新北市長侯友宜坐下來討論，促使捷運民生汐止線汐東段與基隆捷運計畫整合，讓基隆、汐止、內湖、南港加起來近百萬人口受惠。

8/6（六）

蘇貞昌院長親自視察宣布淡北道路新建「關渡新橋」方案，這是林佳龍擔任交通部長任內，努力推動的淡水重大建設，「關渡新橋」將讓淡北道路的終點，除了既有的大度路外，也透過造新橋，跨越淡水河銜接八里的市道一〇三（龍米路），未來銜接台六十四線，不但疏解進入大度路的車流，也讓淡水河南岸的市民，得以利用淡北道路，方便往返淡水。

林佳龍晚上出席在中和區光復國小演藝廳，由議員黃俊哲所舉辦的「新北大翻新，議員逗陣拚」系列座談會。有板橋六百位鄉親來相挺，羅致政、張宏陸也都現身致詞。昨天晚上，長年在板橋擔任志工的龍媽，也到現場幫林佳龍加油。

8/8（一）

林佳龍在好朋友林淑芬委員陪同介紹下，分別前往蘆洲保和宮及湧蓮寺參香，也來到已經傳承四代、在地一定要吃上一碗周烏豬切仔麵的「粉麵」。

8/9（二）

林佳龍來到中和烘爐地南山福德宮參香，立委江永昌，議員參選人張志豪、張維倩、張嘉玲、前議員林秀惠、張瑞山，及小英之友會中和分會、中和雲林同鄉會、中和林氏宗親會團體，今日也陪同林佳龍來參香。林佳龍曾在中和設籍十年，他提到中和的交通聯絡道路是地區發展重點，林佳龍在擔任交通部長任內，江永昌委員對中和交通提出改善建議，如打通往西、往東的南勢角聯絡道路，現已完成可行性評估，只需做都市計畫、環評及周邊配套，就可以推動。林佳龍承諾未來若擔任新北市長，會推動「國三中和交流道北出及南出匝道」可行性評估，更會完成「南勢角聯絡道路」的交通建設。

“好的政治家，
就是要把權力當作服務，
林佳龍就是這樣的代表！”
——陳建仁

新北市小英之友會晚上舉辦座談會，榮譽會長、前副總統陳建仁出席相挺林佳龍，林佳龍也宣布陳建仁前副總統及現任賴清德副總統出任榮譽主委。陳建仁在活動中特別提到，他自己的女兒也在台中生活，因此，觀察到林佳龍在台中市長任內，無論社會住宅、社會福利、弱勢照顧都面面俱到，很有經營直轄市的經驗，「這對新北市相當重要」。陳建仁副總統說：「好的政治家就是要把權力當作服務，林佳龍就是這樣的代表！」

8/11（四）

林佳龍參加在中和舉辦，由新北市小英之友會中和分會、永和分會主辦，「民主前進挺十八」全國首場宣講會！現場與蔡英文總統、江永昌立委、林昶佐立委、林鶴明副秘書長、胡博硯主任，及中和小英之友會執行長張嘉玲，一起為大家宣講「挺十八歲公民權」。

8/12（五）

林佳龍與蔡英文總統、蘇巧慧立委，一起前往鶯歌碧龍宮參香，誠心祈求台灣平安。前立委廖本煙、市議員林銘仁、廖宜琨、市議員參選人卓冠廷、彭一書、高乃芸、曾進益，及在地二十位里長和市民鄉親們也一起參與。林佳龍提到擔任新北市長，會結合鶯歌優勢，行銷具在地特色的陶瓷老街，並加強基礎建設、聯外交通、社會福利，透過產業與文化實力走向國際，讓鶯歌大發展。蔡英文總統則提到，她首次參選就是選新北市長，因此對新北特別有感情。

參拜完碧龍宮後，林佳龍和蔡英文總統到新旺集瓷，與在地陶瓷二代青年工作者進行座談。

8/13（六）

林佳龍先到土城延和廣場，與彭一書議員候選人合辦座談會。林佳龍提到土城是新北重要工業區，強化「交通建設」是升級與轉型的關鍵，他在交通部長任內，與在地委員、議員共同努力，因為中央與地方暢通配合，包括捷運萬大樹林線，及增設北土城交流道才能逐步到位。

接著，林佳龍到三峽區永安圖書館，與議員候選人廖宜琨一同與市民朋友座談。林佳龍認為，三峽有山、有水，具有良好的觀光發展條件。過去林佳龍有治理綠川、柳川、辦理花博的經驗。他認為推動三峽「河域治理、水岸花都」是可行的觀光政策。

8/14（日）

上午超級盃全國慢速壘球錦標賽在樹林舉行，林佳龍受邀擔任開球打擊嘉賓。林佳龍承諾，未來若擔任市長，將會推動成立「運動局」，他也認為，新北市應該在體育人才、場館、預算上持續增加，包括增設國民運動中心、舉辦大型國際運動賽事等。

8/16（二）

林佳龍先到永和永安市民活動中心，參加許昭興議員候選人舉辦的座談會。林佳龍認為，永和區是全台人口密度最高的行政區，公共設施一定要增加、福利補助一定要完善，現場有許多長輩們出席，都很關心「老人假牙補助」政策。林佳龍承諾，當選新北市長後，一定會補助有需要的長輩做假牙，讓大家吃得健康、笑得漂亮。

接著，林佳龍來到中和市民活動中心，參加張維倩議員候選人舉辦的座談會。林佳龍說，對中和的市民朋友來說，交通是大家十分在乎的議題，林佳龍承諾上任後第一件事，就是馬上簽出國道三號中和交流道、南出北出的匝道的可行性研究公文，根本解決中和地區的塞車問題。

8/17（三）

林佳龍再次來到泰山，參拜下泰山巖顯應祖師，祈求保佑。

林佳龍來到三重勞工中心，參加彭佳芸舉辦的座談會。林佳龍提到自己在交通部長任內，多次為新北改善交通問題，包括行經三重的五泰輕軌，規劃大台北環狀捷運線利。林佳龍認為，選舉就是檢驗執政者的施政成果，參選以來，他發現新北市許多重大建設，都有獲得中央的大力補助，但建設進度卻十分緩慢，城市升格了，市民生活卻沒有跟著升級，所以懇請市民頭家要給他擔任新北市長的機會。

接著，林佳龍來到土城裕生廣場，和吳琪銘立委、林銘仁議員，一起和在地鄉親問好，展現「新北大翻新」的志氣！林佳龍提到自己在交通部長任內，特別爭取在國道三號中和交流道、土城交流道，規劃增設四條匝道，讓大家進出高速公路更方便，輕鬆來往不同的行政區，真正實現大台北生活圈的規劃。

8/18（四）

林佳龍來到鶯歌金龍鳳時尚婚宴會館，與卓冠廷、蘇巧慧、林靜儀、洪慈庸、何博文、陳乃瑜、山田摩衣一起，得到破千鄉親們熱情力挺。林佳龍提到投入選戰以來，時常聽許多市民朋友提到，老縣長蘇貞昌院長任內對新北的用心，尤其在鶯歌，鄉親們更和分享，當時一鄉鎮一特色的政策，不僅為陶瓷文化創造新生，也連帶讓觀光產業、在地經濟跟著發展起來。林佳龍承諾，上任後絕對會加倍奉還給這座城市。

林佳龍接著到板橋崑崙公園市民活動中心，與蘇巧慧一同到場力挺蘇錦雄。現場有很多原住民族朋友，用阿美族語熱情的為林佳龍加油打氣。林佳龍提到自己十分關心原住民族群的政策，過去在台中市長與新聞局長任內，也分別催生原住民電視台、補助原鄉安裝電視訊號接收器，推動「和平專案」為原住民族朋友增加福利，之後會實現「原住民五十五歲以上免費裝假牙」的政策。

8/19（五）

林佳龍一早和發言人賴品妤、陳朝龍前立委、在地的新北市議員周雅玲、張錦豪一同來到汐止濟德宮參拜，之後接著前往中正市場與攤商逐一認識，並吃了美食。林佳龍提到自己跟汐止不是沒有淵源，在交通部長任內，他主動協調北北基三個縣市，討論「捷運汐東線」的規劃、核定國一汐止交流道，也參與員山子分洪道、雪隧打通的計畫，來到汐止，看見自己促成的交通藍圖如期進行，促進地方發展觀光，心裡感到踏實。

林佳龍和蘇巧慧、何博文、高敏慧議員，一起來到樹林彭厝市民活動中心，參加「心」女力高乃芸的座談會。林佳龍提到新北人口龐大，每一個地方都有自己的歷史發展，樹林的在地特色應該被重視，百年歷史的樹林山佳車站，也有著被隱藏的國際觀光潛力。林佳龍競選市長的使命，是讓新北被看見，讓新北保有原來特色，同時也要煥然一新。

林佳龍接著又與蘇巧慧、立委沈發惠，黨部主委何博文、前國策顧問張富美、新店林姓宗親會理事長林建長、七連霸市議員新北市議員陳永福，在新店頂城市民活動中心舉辦座談。林佳龍提到未來安坑輕軌通車後，可打造生態人權廊道，再加上現有碧潭風景區，新店一定能成為有特色，也更宜居的地方。

8/20（六）

林佳龍下午來到新店，參加由陳乃瑜舉辦的「瑜你同在親子園遊會 」，也和山田摩衣、卓冠廷及現場一千多位市民，同遊市集。立委林楚茵、國策顧問康義勝、民進黨新北市黨部主委何博文、李坤城議員、前民進黨台北市黨部主委吳怡農、張銘祐也一起來園遊會同樂！林佳龍提到青年與孩子就是新北的未來，他希望能夠讓青年有更多的資源成家立業，教育政策，能讓孩子們有更好的環境和揮灑空間，打造新北成為對青年、對孩子、對長輩最友善的城市。

接著林佳龍來到林口竹林寺鶴齡活動中心，與新北市議員參選人李宇翔、立委林楚茵、林昶佐、前立委呂孫綾、何博文，和林口的鄉親開講，談市政、談建設。林佳龍向現場鄉親報告，林口交流道新增南出北入匝道的工程，已經和交通部溝通，要來追加預算解決缺工、缺料問題！林佳龍提到新北市的停車場，雖然有前瞻基礎建設預算的支持，但執行率竟然是六都墊底，他若當選新北市長，結合民進黨中央執政，有蔡英文總統、蘇貞昌院長「會做事團隊」的支持，一定能改變現在市政停滯的問題。

8/20（六）

其後林佳龍來到新莊福壽公園，和何淑峰議員「作伙鬥陣拚」，現場除了滿滿的新莊民眾，立委蘇巧慧、吳秉叡、前立委李顯榮、新北市黨部主委何博文也一起參與。林佳龍提到人口數全國第一的新北市，卻是六都之中少數沒有設立運動局的縣市，擁有四十一萬人口的新莊，也僅有一座國民運動中心。林佳龍向市民承諾，如果順利當選新北市長，一定會設立運動局、國際事務局，讓新北可以成為「台灣新都」，透過體育及城市外交，昂首大步地走出國際！

8/21（日）

林佳龍下午來到淡水水碓市民活動中心三樓會議室宣講，與因隔離改以視訊和大家見面的新北市議員鄭宇恩，及羅致政、何博文、前立委李顯榮、前台南市長張燦鍙，一起向鄉親報告，「改善交通問題，迎接淡水好時代」的目標！林佳龍提到「淡江大橋」，是連結自己與淡水的重要建設，他同時規劃了淡北道路、關渡新橋，來解決交通問題、疏通塞車狀況，現在也提出藍色公路旅遊、船運串連北台灣及舉辦淡江大橋跨年活動的構想，希望能全力創造新的淡水好時代！

8/21（日）

林佳龍晚上到泰山區頂泰山巖活動中心與新北市議員賴秋媚一起宣講要發展泰山，實現大翻新。呂孫綾、李坤城議員、前台中市交通局長王義川、頂泰山巖董事長李秋益、榮譽董事長林志峰，及多位泰山區里長，也都出席力挺。林佳龍認為，五泰林從交通建設到產業發展，都要有全面性的思考與佈局，未來擔任市長，不僅要提升輕軌做中運量，善加規劃新泰塭仔圳三百九十七公頃的土地，同時會做好五股垃圾山的配套處理措施。

其後林佳龍受邀參加「秉友會」總會長交接典禮。蘇貞昌院長、立委吳秉叡、蘇巧慧、前立委呂孫綾，新北議員陳文治、何淑峰、鍾宏仁、李余典，議員參選人翁震州、林秉宥、邱婷蔚、新北市黨部執委邱西城，都一起見證總會長蘇明興、洪文進的交接。蘇院長特別提到「相信林佳龍的學識、經驗、能力，一定能為新北做最好的服務」，並肯定過去林佳龍在交通部長任內，大力推動基隆輕軌變捷運、增加汐東線、淡江大橋、淡北道路、關渡新橋等政績。林佳龍也提到蘇院長在十七年前為新北打下的基礎，包括新板特區、二重疏洪道、淡水漁人碼頭等，都仍是市民感念在心的重要建設。

8/22（一）

傍晚林佳龍到新莊區福營活動中心，在蘇巧慧、吳秉叡立委陪同下，與翁震州議員候選人一起點亮「幸福翁翁翁，新北大翻新」的立牌！林佳龍提到，在蘇貞昌院長擔任台北縣長任內，打造新莊副都心，現在的新莊逐漸發展，已經是新北市重要的都會區，文化部、客委會、原民會、國家電影中心等都座落在此，未來也能成為辦理新北許多盛會的所在。

8/25（四）

林佳龍一早和發言人賴品妤，及前立委陳朝龍、新北市議員林裔綺，與在地漁會幹部和里長，一起來到瑞芳的昭明宮參拜，並和鄉親們在廟門開講，林佳龍提出打造東北角發展國際級觀光的政策願景！林佳龍計劃從觀光主流化開始打造新北成為觀光大城，建立在地觀光特色活動，整合食、宿、遊、購、行等「智慧觀光周遊券」，振興山線北海、商圈老街等觀光，在過去 蘇貞昌 擔任縣長時期，所建立的——鄉鎮——特色基礎上，升級成2.0版本的一區一盛典。

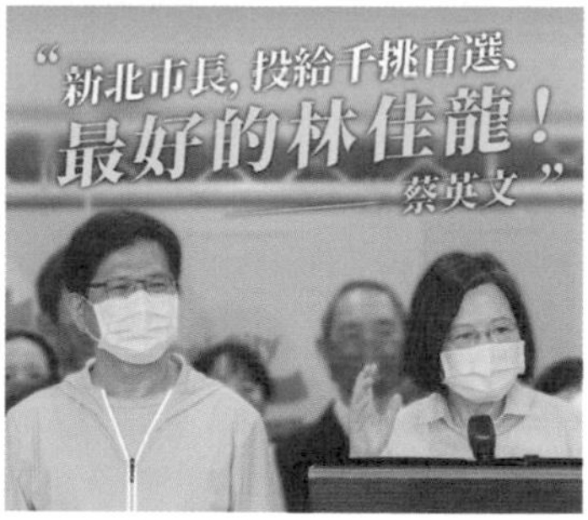

晚上，林佳龍與蔡英文總統及羅致政、張宏陸、林淑芬委員，一起到板橋潮和宮、三重義天宮參拜，齊心為台灣祈福，也祈求年底能成功翻轉新北。蔡總統也親自與鄉親誠懇拜託：「年底市長票，一定要投給有魄力、會做事的林佳龍！」

8/26（五）

林佳龍一早與中和戰區負責人立委江永昌，新北議員張維倩、張志豪、議員參選人張嘉玲，一起到碧河宮、力行福德宮及九玄宮參拜。林佳龍提到中和交流道新增匝道，已向公路總局了解可行性評估，「若擔任新北市長，我們就啟動！」林佳龍認為，因捷運萬大線工期延宕，造成周邊居民損失、沿途商家生意受影響，市府應思考回饋機制、彌補在地民眾。

林佳龍下午來到板橋與羅致政委員，及新北市議員何博文、王淑慧、戴瑋姍與黃俊哲、議員參選人石一佑、黃淑君、山田摩衣，一起到接雲寺、慈惠宮參香，展現團結拚翻新的決心！林佳龍提到，有五十五萬人口的板橋區，希望能發展成從軌道、捷運路網、四鐵共構，甚至是未來五鐵共構的首都圈新核心，台六十五線，也要新增匝道增加來往的便利性，要建設升級，讓板橋成為新核心！

林佳龍傍晚在立委張宏陸及江永昌陪同下，到中和區國防管理學院中正堂，出席新北市議員參選人張嘉玲的座談會。林佳龍向大家說明對「新北多元族群文化發展」的願景，他希望能在中和推動成立「新住民文化中心」，讓新北的多元族群能有更好發展。

8/26（五）

林佳龍接著到板橋區永安公園活動中心，與山田摩衣一起舉辦座談會。立委張宏陸、羅致政，前立委謝欣霓、市議員何博文、李坤城，市議員參選人卓冠廷、陳乃瑜也都來助講，林佳龍提出青創大發展的願景。他認為，新北市是很多人的新故鄉，有許多人來此創業成家，因此提出青創育成基地政策，一年要讓一〇八組有夢想的團隊，進駐新創共享辦公室，並促成一百個新創案件，更要推動國際語言交流、吸引國際招商引資，讓新北成為國際化的青年創業基地。

8/27（六）

林佳龍在台北盆地最大湖泊——汐止的金龍湖湖畔，與新北市議員周雅玲、張錦豪、李坤城、前立法委員陳朝龍，與賴品妤立委一同召開記者會，宣布為「汐止最水」的金龍湖打造環湖美景大翻新的計畫。為了讓金龍湖重現美麗丰采，林佳龍與當地民意代表、愛湖人士，共商「金龍湖景，汐止最水」的金龍湖發展三策略：一、中央地方 共治共榮。二、清淤淨水 防洪蓄洪。三、環湖步道 休閒亮點。希望親水金龍湖，打造兼具自然生態價值與觀光休閒價值的好去處！

林佳龍中午與新北市議員陳永福、議員參選人陳乃瑜，前往深坑集順廟參香，感受到鄉親的熱情歡迎！他認為，選舉，就是檢驗現任首長與市府團隊政績的時刻，新北市升格十二年，市民的生活品質卻沒有跟著升級，因此他不僅提出新北大翻新的政策願景，也用過往擔任台中市長、交通部長的實績與能力，和鄉親們說明自己對新北發展的規劃，讓大家能來比較、選擇。

8/27（六）

下午林佳龍到板橋區忠孝公園活動中心，在市議員參選人石一佑的座談會中，與立委江永昌、張宏陞、羅致政、蘇巧慧，一起和市民朋友，說明他對新北的社福政策規劃！林佳龍承諾，若擔任市長，將提供每戶十萬元成家基金、公托增加三百班，也會實現補助六十五歲以上長者裝假牙、重陽禮金加碼為一千六百元的政策，給青年、給長輩、給孩子更好的照顧，讓大家能更安心的在新北打拚成家！

林佳龍晚上到汐止區崇德活動中心，接續出席由新北市議員張錦豪舉辦的座談會，前立委陳朝龍、台北市議員洪健益也一起到場支持。林佳龍也在現場和鄉親報告說明，對於汐止休憩產業發展的規劃！

林佳龍接著來到板橋區台北紙廠簡易公園，出席市議員參選人黃淑君的座談會，立委羅致政、張宏陞、新北市黨部主委何博文、前立委李顯榮也到場相挺，讓現場氣氛熱鬧滿滿。林佳龍對現場許多年輕父母們報告，未來擔任市長後，將推動的新北托育政策願景！林佳龍特別強調，若擔任市長，將爭取新北市公托增加三百班，讓新北的年輕人敢婚、敢生也敢養。

8/28（日）

距離選戰倒數九十天，在前立法委員呂孫綾的安排與邀請下，林佳龍和彭莉惠、新北市議員鄭宇恩一起到三芝小基隆福成宮參香祈福。林佳龍提到三芝是先總統李登輝的故鄉，三芝、石門是北海岸國家風景區，在他擔任交通部長期間，大力投資新北觀光軟硬體建設，未來也希望北海岸有更好發展。

林佳龍下午在呂子昌、呂孫綾的陪同下，來到淡水區文宏廣場出席市議員參選人彭莉惠的座談會，與立委吳秉叡、新竹縣長參選人周江杰，向現場超過 六百位關心淡水發展的熱情鄉親，說明首都海洋門戶計畫願景。林佳龍提到淡水河是雙北的母親之河，未來若擔任市長，將從兩個面向來實現「首都海洋門戶計畫」，首先是建構淡水河流域文化的擴大博物館，讓觀光客來親近水文化，再完善北海岸與淡水河自行車道建設，打造國際水準的自行車旅行路線，吸引世界觀光客來到淡水！

晚上林佳龍與吳琪銘委員、何博文主委、黃淑君來到土城區希望之河廣場，和市議員參選人曾進益一起和鄉親報告林對土城交通建設的規劃！林佳龍提到過去在交通部長任內，通過五十五億的預算，在土城增設四條上下匝道，讓在地鄉親、市民朋友進出高速公路更加方便。吳琪銘委員，也努力爭取增設北土城金城交流道，從中央到地方齊心來為民服務，將來會完善土城交通網路，讓市民出入往來更便利！

8/28（日）

林佳龍接著與立委張宏陸、羅致政來到板橋區崑崙活動中心，和市議員戴瑋姍一起說明林佳龍從小顧到老的社福政策，要為新北每個家庭減輕負擔！其中年輕人關心的成家與托育問題，林佳龍提到如果當選新北市長，一定會做年輕家庭最有力的後盾。將提供青年每戶十萬元成家基金，也要盤點新北的閒置校舍，來做為公托及公幼使用，讓新北市的年輕家庭敢生又好養。在照顧長輩方面，也會做到補助六十五歲長者裝假牙，讓長輩吃得健康、重拾笑容。

8/29（一）

林佳龍晚上來到三重區永福活動中心，出席新北市議員李余典的座談會，包括競選總幹事吳秉叡，立委林淑芬、蘇巧慧、張宏陸、林昶佐，及三重市代表會前主席呂清嶺、三重區四十五位里長也到場助講。林佳龍提到，新北市要有做台灣第一大國際化都市的志氣、地位和格局，他認為新北市一定要跨域治理，和台北市一起做「雙引擎」樞紐，串連起基隆、桃園、宜蘭，做好都市規劃、招商引資、國際觀光等政策，共同推動首都圈一千萬人口的發展。

8/30（二）

林佳龍正式登記參選新北市長並提出參選政見。

林佳龍晚上林來到蘆洲區仁愛市民活動中心，參加市議員參選人顏蔚慈的座談會，今晚民進黨副秘書長林飛帆、立委蘇巧慧、林淑芬、前立委呂孫綾、發言人李坤城議員、國策顧問張秋海、南投縣議員葉仁創，也都現身助講！林佳龍說，若擔任市長，會以雙子星城市來跨域治理、擘畫政策，從交通規劃開始，讓新北成為新都心，有自己的中運量捷運，來連接三重、蘆洲、五股、泰山、新莊、板橋，加上新北環狀線捷運網，將珍珠串成項鍊，並且將高快速道路立體化等，讓市民朋友在交通出入上更為方便。

林佳龍接著趕往三重區三民活動中心，參加「新北大翻新，議員逗陣拚」議員候選人邱婷蔚《咱自己ㄟ查某子》在三重的場次。座談會以見面音樂會形式舉辦，林佳龍還應邀上台合唱台語金曲《贏你喲》，獲得熱烈的掌聲。蘇巧慧、吳秉叡委員、何博文主委、李坤城議員，也陪著鄉親度過圓滿熱鬧的夜晚！除唱歌外，林佳龍還向鄉親們說明青年、社福的政見，提到現在新北市的社福預算不如台北、桃園，但是，新北市民值得更好的社會福利，他上任後，一定會讓社會福利「升格又升級」。

8/31（三）

林佳龍傍晚來到中和區山北市民活動中心，參加張志豪議員鬥陣拚的座談會。在有四十萬人口，並且相當重視交通問題的中和，林佳龍不僅提出過去擔任交通部長的交通建設政績，及參選以來所提出的社福政見，努力爭取在地鄉親的支持。一同到現場的還有立委江永昌、林楚茵、何博文主委、前議員林秀惠，新北市議員候選人黃淑君、曾進益、李宇翔，另外台北市議員候選人顏若芳、趙怡翔也到場助講。

林佳龍晚上和永和出身的立委林楚茵、永和在地的議員羅文崇，一起來到永和知名老店王師父餅舖，戴上廚師帽和手套、穿上圍裙「全副武裝」包月餅。林佳龍提到希望讓美食成為新北的一項特色，若擔任市長，也將舉辦新北美食節、文化季來競賽，選出代表新北市的美食，以精彩的在地美食文化，吸引觀光客，繁榮經濟，透過各式各樣的在地美食，讓新北大翻新！

9/1（四）

林佳龍上午與蘇巧慧委員及在地議員，參加「樹林聯合競選總部」開幕。這次樹林聯合競總內，結合了樹林火車站的特色，不僅有「樹林翻新特快車」、還有「樹林通往新北大翻新」的車票箱，等鐵道相關道具小物！樹林聯合競總包括市長林佳龍及土樹三鶯的七位議員候選人：廖宜琨、林銘仁、曾進益、卓冠廷、彭一書、高乃芸及平地原住民議員蘇錦雄。

晚上小英總統、林佳龍與立委吳琪銘、秦嘉鴻國策顧問，再度來到土城參香，小英總統更在現場與鄉親們強力推薦：「新北市長的最佳人選，一定是林佳龍！」新北若要成為北台灣的產業重鎮，除了交通建設要完備，更需要好的首長來規劃都市發展。小英總統向鄉親們說，從中央到地方，林佳龍有歷練、有經驗：「聽總統一句話，不要選錯人」新北市民絕對值得更好的市長！她強調：「選林佳龍當市長，讓新北成為北台灣產業重鎮！」

9/2（五）

林佳龍再次來到五股，在林淑芬委員帶路，在新北市議員賴秋媚、新北市議員候選人李宇翔、顏蔚慈陪同下，先一起到賀聖宮參拜玄天上帝，也與宮主及鄉親交流，了解地方對市政發展的心聲與期望。接著林淑芬委員帶著林佳龍一起上山前往旗竿湖和竹筍博士吳國池一起挖有綠寶石之稱的綠竹筍，林還喝了三大碗竹筍湯！

9/8（四）

距離選舉日不到八十天，今晚林佳龍出席「新莊秉友會」，蔡總統五度來到新北「加持林佳龍」。小英總統說，「新北這票不要浪費，投給林佳龍，做滿四年！」她還說：「新北市真的很重要，你們養成了一個總統叫蔡英文，推薦林佳龍，是新北市長最好的人選！」今晚共同出席還有立委吳秉叡、何淑峰、李倩萍、鍾宏仁議員，議員候選人李宇翔、林秉宥、邱婷蔚、翁震州、顏蔚慈，及多位地方里長，與超過兩百位的秉友會幹部、企業家。

9/10（六）

週末的中秋假期，林佳龍來到五股集賢活動中心，參加由新北市議員賴秋媚主辦的市政座談會、市議員參選人許昭興也一同出席，林佳龍今天重點強調社福政策，同時宣示要改變「新北市社會福利人均預算六都最低」的窘境。

9/15（四）

賴清德副總統上午與林佳龍合體來到板橋深丘福德宮參香，賴清德選擇從家鄉新北出發輔選，也顯現對新北市的重視。林佳龍提到未來新北要有三個新。第一個新，要有新的國土規劃視野，將新板特區整個擴大，串聯新莊、五股、泰山等地，讓新北市有新都心，不需要每天進出台北市；第二個新，要發揮海空雙港的優勢，整合人流物流，迎向國際；第三個新，新北市民要有新的好生活品質，要做宜居的社會城市。未來台北、新北，將會是雙核心、雙引擎，一起帶動北台灣的發展。

蔡英文總統晚上與林佳龍來到蘆洲湧蓮寺參香。總統與副總統都是新北人，今天同一天都到新北為林佳龍站台。小英總統更選過新北市長，今天已是第六度來到新北為林站台，顯見蔡非常重視新北。她再次強調：「林佳龍是讓新北進步的市長人選！」今天還有林淑芬委員、湧蓮寺主委總統府資政陳宏昌、國策顧問張秋海、黃銘得、呂子昌、民進黨新北市黨部主委何博文、陳啟能、李坤城、李倩萍、李余典議員、彭佳芸、李宇翔、邱婷蔚、顏蔚慈及在地多位里長與鄉親到場力挺。

9/16（五）

林佳龍早上在立委林楚茵的安排下，一起和議員羅文崇、議員參選人許昭興，來到永和品嚐必吃美食「世界豆漿大王」。

晚上是彭佳芸聯合競選總部成立的日子，林佳龍與彭佳芸在三重區體育場舉辦晚會，千人相挺、大咖雲集，好不熱鬧！內政部長徐國勇、立委江永昌、羅致政、林淑芬、新北市黨部主委何博文、前議員鄭金隆，還有鄭弘儀都到場支持。林佳龍提到，新北捷運必須翻轉座標，新北需要一條溪北捷運，串聯三重、蘆洲、五股、泰山、新莊，到溪南的板橋及土城。透過溪北捷運讓溪北的三重與新莊和板橋形成城市發展的鐵三角，再加上新增五大交流道匝道，高快速公路網四通八達，以交通建設鞏固新北新都心，溪北溪南共榮發展。

9/17（六）

今天議員鄭宇恩競選總部成立，林佳龍在現場說，選林佳龍當市長，會有五福利：補助六十五歲長輩免費裝假牙、蓋社會住宅、加碼青年成家基金、增設幼幼專班、讓敬老卡的點數擴大使用。林佳龍要用這五項社福政策，照顧每一個新北的家庭！民進黨卓榮泰前主席、內政部徐國勇部長、立委蔡易餘、 羅致政、台北市議員陳慈慧，都到現場站台助講。

林佳龍下午跟曾進益、何博文一起來到樹林的景觀萬坪公園野餐，感受太陽的溫暖跟最近難得的放鬆時刻！

林佳龍接著與羅致政委員、黨部主委何博文、新北市議員戴瑋姍、市議員候選人石一佑、黃淑君、山田摩衣到板橋體育場，參加民進黨新北市黨部主辦的「露天星空親子電影院」播映活動。

9/23（五）

林佳龍今晚連跑兩場鍾宏仁、李倩萍議員主辦的座談會，兩場都座無虛席，立委林淑芬、吳秉叡、何博文、李坤城議員也都來到現場助講力挺。林佳龍提到，新北市給了侯市長十二年，但滿意度直直往下走，跟六都相比更有許多評比吊車尾，更不用說，他還想要競逐二〇二四的總統大位，當侯市長坐這山、望那山的時候，新北市怎麼好得起來？今年就是改變的關鍵時刻，這就是選擇林佳龍最好的理由！

9/28（三）

下午林佳龍與立法院長游錫堃、立委陳亭妃、陳歐珀、許智傑、洪申翰、蔡易餘、何志偉（書面參加）、前立委陳柏惟，還有台北市議員阮昭雄等人，一同參與由正國會立委辦公室以及正常國家文化基金會所舉辦的「正常國家決議文」15周年紀念茶會。2007年游錫堃擔任民進黨主席、林佳龍擔任黨秘書長時，民進黨通過相當於黨綱地位的「正常國家決議文」。游錫堃院長在致詞時表示，目前國內大部分政黨都支持正常國家的理念，正常國家已成為台灣所有人的共同願景。落實國家正常化的目標已經不遠，期望所有人一起努力，共同打拚。林佳龍則在致詞時指出，正常國家決議文彰顯了台灣就是個國家，亦即台灣不是中國的台灣，而是台灣人的台灣的事實。林佳龍認為，台灣的選舉一直面臨中國共產黨想利用民主來顛覆民主的競爭，因此今年年底的地方選舉與18歲公民權複決的投票，將是台灣邁向正常國家的關鍵時刻。此外，台灣應儘速啟動二次民主改革，透過民主方式來完善台灣的民主機制。這是為何要號召成立「台灣正連線」並提出十大政見主張的原因，因為林佳龍希望認同國家正常化主張的人士，不分政黨或派系，都可以透過支持共同政見的方式來參與，一同實現台灣國家正常化的目標！

競選歌曲

關於「新北大翻新」這首歌

2022.09.01臉書貼文

翻轉新北、熱血上線，《新北大翻新》競選歌曲發布！

「加油啦新北人，一定會贏！」志氣沸騰的《新北大翻新》競選歌曲，今天正式發布，十分感謝「許大俠」許霈文、製作人周恒毅老師，用音樂支持佳龍，透過旋律及歌詞，喚起新北人志氣、凝聚新北人的認同！

我相信，競選歌曲可以定調一場選舉，並且感染人心。《新北大翻新》以台語文創作而成，歌詞中從基層市民的心情、我們的政策願景，到最後邀請大家站出來，一起爲新北寫下新的歷史，展現迎接逆轉勝的鬥志，都被詮釋得非常好，我非常喜歡這首歌！

從小在台北縣長大的歌曲創作者許大俠，也向我表達，新北市升格十二年，「New Taipei City」沒有改變、也沒有煥然一新，這次能與製作人周恒毅老師合作，透過音樂展現對新北翻新的期待、爲民主深化過程貢獻力量，期待林佳龍能夠「讓新北成爲眞正的『新』北市」，就是他們創作的最大動力。

對我來說，一步一腳印地擘劃市政、推動建設，就是一件很「熱血」的事情，我的這份從政精神，也成爲許大俠、周恒毅老師創作的元素，透過熱血、搖滾的曲風，展現「大翻新」的明亮前景，也讓我進階成爲了Rocker的候選人！

感謝在今天競選歌曲發表會，跟著音樂一起搖滾的立法委員沈發惠、前立委呂孫綾、競選總部執行總幹事何博文、發言人李晏榕、新北市議會黨團總召陳啓能、副召李倩萍、新北市議員賴秋媚、鍾宏仁、廖宜琨、議員候選人石一佑、黃淑君、高乃芸、曾進益等夥伴。

最後，我也要邀請市民朋友，在接下來的活動場合中，共同大聲唱出《新北大翻新》，唱出新北人的心聲、唱出新北人的認同，一起在年底大選，迎來逆轉勝！

2022林佳龍新北市長競選歌曲《新北大翻新》

詞曲：許大俠（許霈文）
製作人：周恒毅

親愛的朋友　你敢有感覺
過了遮濟冬　日子哪會攏相像
雖然換名做新都　但是命運無變化
毋敢作夢　你的心情　我知影

會當改選擇　過新的生活
改善新北市　有勇氣 敢拚敢承擔
社會福利大溫暖　市政產業大翻番
釋放所有的能量 予世界看有咱

新北大翻新　逐家做陣贏
咱有新北的志氣　戰力第一名
新北大翻身　全新的希望
新的歷史鬥陣寫　加油啦新北人
一定會贏

戰場佇咧佗　戰士就佇遐
堅持理想的人　啥物攏毋驚
未來顧好　團結有力量
愈戰愈勇　大步向前衝

啦啦啦啦啦
啦啦啦啦啦啦啦
啦啦啦啦啦啦啦啦啦
啦啦啦啦啦啦啦

新北愛贏

2022林佳龍新北市長競選歌曲《新的新北市》

詞：林佳龍／艾文
曲／編曲：艾文

一，美麗的景緻
有山也有水
日頭落山的淡水
婧甲親像詩
世界第一等
瓷仔佇鶯歌展翼（thián-sit）
坪林三角湧的茶米
甘甜親像蜜

（副歌）
新的新北市
有拍拚的志氣
春夏秋冬攏欲愛你
行出新的記持
新的新北市
有進步的決心
花謝花開攏會堅持
行向新的世紀

二，土地的先民
千年的智慧
八里林口的遺跡（uî-jiah）
咱著好禮仔傳落去
好吃好徛起
北海岸的海產料理
深坑豆腐永和豆奶
也有九份仔的芋圓

（副歌）

三，心疼烏暗眠

偌濟目屎摒袂離
鹿窟悲傷斷腸詩
歷史袂當放袂記
風雨更加愛做陣
報答土地的情義

向望著欲發穎（puh-ínn）
有我也有你
風雨更加愛做陣
要緊每一滴珠淚

（副歌）

向望著欲發穎（puh-ínn）
有我也有你
風雨更加愛做陣
要緊每一滴珠淚

代結語　民主是一場沒有終點的接力賽，必須一棒接著一棒傳承下去

三十六年前，黨外人士以「一九八六年黨外選舉後援會」的名義，於圓山大飯店集結，在游錫堃院長的主持下，突擊發起組黨之議，以行動突破黨禁，民主進步黨終於誕生。

然而，組黨只是開始，到一九九六年總統大選完成爲止，台灣花費了將近十年的歲月，才實現民主轉型的壯舉。

在推動民主轉型的歷程中，台灣青年扮演著非常重要的角色，佳龍也躬逢其盛，進入大學後，我參加了普選運動、校園自治運動、廢除審稿制度運動、教官退出校園運動、促進國會改革及野百合學運，很榮幸我能完整地見證、參與這段台灣民主化的重要過程。

年輕人充滿熱情理想，總是能不出於個人利害關係，站在眞正爲社會著想的角度來發聲。當

時的學生運動也是如此，不是僅僅在校園中爭取學生自治與言論的權益，更是走出校園與當時的社會運動能量結合，一同推動農運、社運與工運。

這股來自台灣各地青年的力量，最後匯流成野百合學運，促成國是會議的召開，進而帶動廢除《動員戡亂時期臨時條款》與終結「萬年國會」。

近年來，太陽花世代崛起，從太陽花運動、反黑箱課綱等青年運動，我們見到台灣青年對參與政治的熱情，年輕人的積極參與，更是翻轉了台灣的政治。

年輕人的聲音必須被聽到，他們的好主張，也應該被實現。我們應該要讓更多優秀台灣青年，一同參與這個改造國家的重要過程！

民主要永續，必須不斷順應時勢潮流，來調整民主制度與內容。

目前世界上多數國家已經將投票年齡下降到十八歲，我們鄰近的日本在二〇一六年將投票年齡從二十歲降為十八歲；韓國則是在二〇二〇年將投票年齡從十九歲降至十八歲。

我相信，不只是棒球，台灣的民主精神也不能輸給日本跟韓國！

這次修憲，是讓台灣走向國際潮流，也讓憲法的公民權與包括民法在內，其他法律的公民權年齡限制更爲一致，更要讓年輕人更早在公共議題上，進行理性的思辨與討論。

這對台灣的民主深化上有著重大意義，透過推動十八歲公民權的修憲過程，我們要鼓勵更多優秀台灣青年，一同參與這個改造國家的重要過程。

民主是一場沒有終點的接力賽，必須一棒接著一棒地傳承下去。

十一月二十六日，讓我們一同來做民主台灣的最大後盾，讓我們一票顧家鄉、一票挺未來，支持民進黨推出的候選人，也支持十八歲公民權複決案。

——參加【民主36挺18】民進黨創黨三十六週年音樂會的發言

2022 09.24

https://portaly.cc/dragonforpeople

龍來挺翻新，林佳龍官網上線

各位市民頭家好，這是佳龍應徵市長的「社群名片」！

在這張名片中，彙整了我所擘劃的四大政策主軸、二十項市政願景，以及最新消息、專訪精華、動態回顧等各式資訊，讓所有關心新北、支持翻新的朋友，可以隨時透過這個傳送門，更即時、方便的了解我對這座城市的規劃。

除此之外，新北各區共三十六位議員候選人的臉書，以及其他多元的影音圖文紀錄，我們也都整合在這扇「政策傳送門」中，邀請大家進入觀看完整內容，並踴躍轉給更多朋友！

釀時代31　PF0324

承擔：
林佳龍的危機領導學

作　　者　吳佳晉、馬機、李珮宇
特別企畫　林佳龍競選新北市長團隊
責任編輯　鄭伊庭
圖文排版　莊皓云、楊家齊、陳彥妏
封面設計　王嵩賀

出版策劃　釀出版
製作發行　秀威資訊科技股份有限公司
114 台北市內湖區瑞光路76巷65號1樓
電話：+886-2-2796-3638　傳真：+886-2-2796-1377
服務信箱：service@showwe.com.tw
http://www.showwe.com.tw
郵政劃撥　19563868　戶名：秀威資訊科技股份有限公司
網路訂購　秀威網路書店：https://store.showwe.tw
法律顧問　毛國樑　律師
總 經 銷　聯合發行股份有限公司
231新北市新店區寶橋路235巷6弄6號4F
電話：+886-2-2917-8022　傳真：+886-2-2915-6275

出版日期　2022年10月　BOD一版
定　　價　390元

讀者回函卡

Printed in Taiwan

國家圖書館出版品預行編目

承擔：林佳龍的危機領導學 / 吳佳晉等著. -- 一版. -- 臺北市：釀出版, 2022.10
面； 公分
BOD版
ISBN 978-986-445-730-4(平裝)

1. CST: 林佳龍 2. 臺灣傳記

783.3886 111014788